MORTALES ETERNOS

Deja el miedo y encuéntrate contigo mismo.

No eres un simple mortal. Ya existes en la eternidad

CONTENIDO

PRÓLOGO

Mi experiencia al leer el libro "Mortales Eternos"

Ya desde el comienzo quedas enlazado con la historia de tal manera que no quieres parar y a medida que avanzas sin darte cuenta te identificas con ciertas partes lo que te lleva a pensar y a reflexionar.

El relato te recuerda que más allá de tus circunstancias presentes o pasadas tenemos una vida interior eterna que no la empezamos al partir de este mundo, sino que estuvo planeada ya antes de nacer.

Pastora Pilar Delgado

PREFACIO

En un mundo lleno de inseguridades, limitaciones y máscaras tienes que ser fuerte para no terminar dividido interiormente tratando de ser alguien que tú en realidad no eres.

Desde nuestra niñez hemos adoptado patrones que creemos son reales y válidos para nosotros, pero lo que en realidad no sabemos es que esos patrones e ideales comunes en ocasiones son la causa de nuestras depresiones, frustraciones, inseguridades y miedo interior.

Muchos de nosotros tardamos años en llegar a encontrarnos a nosotros mismo y esto es porque casi nunca o en muy pocas ocasiones nos escuchamos a nosotros mismos. Terminamos queriendo ser otra persona, nos esforzamos *por ser lo que la sociedad quiere que seamos y lamentablemente no todos son los suficientemente fuertes para soportar la presión que vivimos, y muchos terminan dándose por vencidos, muriendo dejando este mundo; llevándose lo que ellos son en su interior.*

En este relato te cuento como la protagonista de la historia que era un mortal en un mundo un poco raro y diferente al nuestro llega a encontrarse con ella misma y deja de estar dividida.

Ella tuvo que recorrer un camino largo como pienso nos ha tocado a cada uno de nosotros.

¡Ánimo no te detengas en tu búsqueda!

AGRADECIMIENTO

Podría escribir muchas líneas para agradecer. Pero esta obra la quiero dedicar a una sola persona, a mi amado esposo. Amor gracias por creer en mí.

CAPÍTULO 1

UNA BATALLA INEVITABLE.

En muchas ocasiones queremos evitar lo inevitable y en nuestro afán por protegernos del peligro, terminamos siendo lo que realmente nunca hemos querido ser solo impulsados por el miedo.

Una batalla inevitable.

Era un día nuboso. El cielo estaba cubierto por nubes grises que no dejaban visualizar el sol a plenitud. Ya era casi la tarde. Yo estaba quieta frente a una pequeña montaña que rodeaba la casa de mis abuelos.

Era uno de mis lugares favoritos, siempre que me sentía desorientada iba a este lugar para meditar, ya que observar aquel paisaje natural me producía tranquilidad.

El ruido del viento entre los árboles y el color verde de aquella montaña mezclado con el olor a hierba recién mojada me hacían añorar mi niñez. Aquel momento de nostalgia producía en mí una paz interior indescriptible.

La casa de mis abuelos estaba ubicada a un kilómetro y medio de la ciudad. Era ideal para apartarse un momento para pensar ya que yo vivía en la ciudad. Siempre fui una persona a la que le gustaban las grandes ciudades, aunque de vez en cuando me apartaba a un lugar tranquilo para pensar.

En esta ocasión yo estaba afligida y sin decir palabra alguna me alejé para estar un tiempo a solas conmigo misma; para pensar en la decisión que debía tomar. Como no sabía qué decir a mis amigos, creí que era lo mejor.

En mi interior tenía una mezcla de sentimientos encontrados y que no podía controlar sin dar la impresión de que algo me pasaba, aunque por algunos momentos lo intentaba para que nadie lo notara, en mi cara era evidente que algo me inquietaba.

Yo ya no era una niña, los años habían pasado sobre mí, mi cabeza estaba llena de canas y en mi rostro llevaba las marcas de más de veinte años esperando este momento de mi vida. Para este tiempo mis padres ya no estaban. Ellos ya se habían ido a morar junto con mis abuelos (habían muerto) era solo yo y la nostalgia de los años pasados.

A pesar de la distancia que me separaba de aquella fiesta, escuchaba los tambores del pueblo que casi eufóricos daban gritos de guerra. El ruido de aquellos tambores resonaba dentro de mí como queriéndome decir,

-Haz un esfuerzo para animarte a ti misma.

Yo sabía que no podía regresar al pueblo con la cara que tenía en ese momento. Tenía una cara de incertidumbre, desesperación y ansiedad.

La fiesta de los tambores; era así como se llamaba la fiesta que el pueblo estaba dando en ese momento, porque los del pueblo querían dejarme saber que confiaban en mí, ese era el motivo de aquella celebración que a decir verdad era más una despedida.

Nos preparábamos para una gran batalla, aunque era yo la única que me preparaba para una gran batalla, ya que el resto solo eran espectadores de lo que a continuación sucedería.

Yo no tenía ni la más mínima idea de lo que era aquella guerra anunciada por mis antepasados, familiares cercanos y amigos.

Aunque en lo más profundo de mi interior sabía que de alguna manera había vivido aquella historia antes, ¿pero ¿cuándo? ¿cómo es que no recuerdo nada? Me preguntaba a mí misma haciendo un esfuerzo por recordar algo que me ayudara.

Al atardecer antes que el sol se pusiera, decidí volver a la ciudad. Cuando regresé a la fiesta había poca gente a mi alrededor y no podía visualizar con claridad a las personas que me rodeaban, aunque por una razón que en este momento no sé cuál era, me hacia la pregunta de cómo había llegado a sentirme tan sola estando rodeada de tanta gente buena y que me amaban.

Sí, me sentía sola, desamparada y creía que aquella lucha era inútil e injusta. Aquella batalla que según todos yo debía enfrentar.

Oía a todos hablar de lo duro del proceso, de la batalla, de la guerra. Pero me daba la impresión que los que más hablaban eran los que menos sabían de lo que aquella batalla se trataba.

Opinaban tanto, que realmente me enojaba y me indignaba al oírlos y casi siempre terminaba evitando estar con mucha gente para no oír estos comentarios.

Aunque confieso no siempre me sentí así, hubo momentos en que, al estar rodeada de mucha gente, alegría diversión y familias solo por unos instantes fugases podía olvidar aquellas voces que oía en mi interior llamándome a la batalla.

A veces disfrutaba la compañía de algunos de mis amigos,

pero la mayoría del tiempo solo escuchaba aquellos gritos que venían de un lugar no muy lejano (venían de mi interior) me llamaban por mi nombre retándome a enfrentarlos. Decían -ven y enfréntanos si es que puedes. Como si dentro de mí había una persona presa por mi cuerpo y circunstancias.

Me atemorizaba aquella multitud de la batalla, aunque nunca los había visto solo había oído vagos comentarios de las pocas personas que venían del campo de batalla y que contaban lo que habían visto allí o mejor dicho lo que ellos creían recordar, porque casi siempre los que regresaban venían tan traumatizados que las historias que contaban casi nunca eran coherentes o al menos era lo que todos pensábamos al oírlos.

Según ellos no había ni la más mínima posibilidad de salir vivos de aquel enfrentamiento. Decían que era un milagro que ellos estuvieran aún con vida y que hubieran podido regresar.

Por otro lado, yo sabía que no podía evitar enfrentar aquella batalla y me decidí a caminar hacia mi meta.

Pensaba para mí misma sin articular palabra alguna -que meta más ridícula. Según yo, ya que sabiendo como terminaría todo, era ridículo ir a aquella batalla. Sabía que debía hacerlo y sentía en mi interior que me lo debía si es que quería ser sincera con aquella voz interior que muchas veces ni siquiera me dejaba dormir incitándome a esta pelea estúpida.

Después de la fiesta algunos amigos me acompañaron a mi casa a vestirme la ropa de soldado para coger el camino hacia mi batalla.

Estando en mi aposento, no tenía idea cómo vestirme para aquella batalla, y a decir verdad no tenía mucho ánimo de hacerlo. Me vestí con un capuchón color oscuro y un poco gótico para mi gusto, porque solo quería que no pudieran ver la cara de miedo que tenía los pocos amigos fieles que habían quedado conmigo y creían en que yo saldría bien de todo aquello. Realmente ellos pensaban que si yo podía lograrlo traería esperanza a nuestro pueblo; en otras palabras, confiaban en mí.

Sí, leíste bien confiaban en una persona que no sabía lo que estaba enfrentando y que en su interior estaba muerta de miedo, aunque nadie podía verlo en mis ojos.

Muchos pensaron que era la última vez que me verían, aunque no lo decían, podía verlo en sus miradas y en las palabras que me decían cuando se despidieron de mi a unos kilómetros antes de llegar a la línea de combate.

CAPÍTULO 2

PARALIZADA
FRENTE A LA LÍNEA DE COMBATE.

Lo peor que nos puede pasar en medio de una crisis, es dejar que la ignorancia nos aconseje y que el terror a lo que vemos en el momento presente nos dé una visión equivocada de nuestro futuro. Yo me atrevería a decir que esto es una catástrofe más grande que nuestra propia crisis.

Paralizada frente a la línea de combate.

Cuando estaba cerca de llegar a la línea de combate, como a un tiro de piedra, lo que vi me dejó sin aliento, allí había dos tiempos divididos por una pequeña línea transparente y suspendida. Parecía una malla de jugar tenis, pero estaba suspendida en el aire y era más delgada que una malla de tenis. Tuve la impresión de que los que estaban en la batalla no se daban cuenta de la existencia de esta línea, que creo solo yo podía ver.

Dentro de mí sentía que había vivido todo aquello, como si en alguna época de mi vida lo había soñado. No lo recordaba con exactitud, pero era como si estuviera viviendo un déjà vu.

Antes de avanzar y tomar mi posición en el combate observé que había dos lados. Del lado mío que era el presente había las mismas personas duplicadas combatiendo con ellos mismos. No sé si ellos se daban cuenta que la persona que estaba frente a ellos era su doble.

De lejos alcancé a verme a mí misma en la línea de combate, pero del otro lado, del lado que estaban a los que teníamos que enfrentar.

Mi otro yo me estaba esperando porque había un lugar vacío para que yo ocupara mi posición en el combate. Ella me hacia un gesto con su mano derecha como queriéndome decir -ven.

Yo tenía que pelear conmigo misma. En mi posición faltaba yo, pero me dio tanto miedo que solo podía observar de lejos lo que sucedía paralizada.

Cuando los dos grupos duplicados se enfrentaban, un grupo (el grupo de mi lado) se convertían en una extraña sustancia pegajosa que al principio pensé era vómito, pero luego me di cuenta era otra cosa porque era transparente y sin ningún resto como lo es el moco incoloro.

Cuando se transformaban en esa pega o lo que aquello fuera, dejaban de ser personas y comenzaban a desaparecer lentamente ante los ojos de los que estaban aún en línea de combate, y este espectáculo no pasaba desapercibido ya que surgía un efecto negativo en los espectadores (como yo) que atemorizados en convertirse en aquello dejaban la línea de combate huyendo pavoridos y trataban de regresar a sus casas entristecidos y con una historia espantosa que contar casi irreal y poco creíble.

Es decir, que yo tenía que armarme de valor para pelear conmigo misma y terminar convirtiéndome en aquello a lo que yo llamé sustancia transparente pegajosa.

Detrás de mí había dejado otro tiempo era el pasado que supuestamente estaría esperando cuando regresara de la batalla.

Aquellos que huían de la batalla nunca llegaban al futuro solo seguían en un presente en que solo ellos existían llenos de miedo y de frustración por haber huido de ellos mismos en la batalla.

Era extraño porque en esta ocasión sin quererlo yo estaba viviendo tres lapsos de tiempo.

Estaba en el presente, muerta de miedo, dejando atrás el pasado que estaba lleno de obstáculos, llamas de fuegos y un olor desagradable que casi no podía soportar y lo peor una yo detrás de la línea de combate esperándome para evitar que yo pasara al futuro. Esa era mi visión de aquella batalla.

La pelea era un poco extraña.

No tenía idea de cómo pelearía ya que no tenía ninguna arma en mis manos para hacerlo. No sé cómo no me había dado cuenta de esto hasta ese momento. No comprendía cómo es que decidí venir a una pelea sin nada en mis manos para pelear.

Tampoco veía a nadie con arma en la línea de combate. Así que yo no era la única que había olvidado este detalle tan importante.

Lo peor de todo este drama casi incomprensible es que si no enfrentaba eso que ahora era mi presente, con la fuerza del pasado (de donde venía) jamás llegaría a ese futuro donde mis amigos me esperaban para ayudarles.

En medio de mi desesperación deduje que no podía pasar aquella línea que nadie veía. La línea que separaba mi presente de mi futuro, sin enfrentarme a mí misma.

CAPÍTULO 3

LOS FRACASADOS CON MALAS INTENCIONES.

Las grandes batallas de nuestra vida las enfrentaremos muertos de miedo. La diferencia entre los vencedores y los fracasados frustrados es la pequeña línea de esta batalla. Ser un vencedor es levantarte y enfrentar tus miedos para ganar la guerra aún cuando ya hayas perdido muchas batallas. Lo que te hará ser diferente de cualquier otra persona es que no te detengas por el miedo.

Los fracasados con malas intenciones.

De repente me di cuenta que había un tercer grupo en la batalla, eran los que huían de la pelea, los que no estaban peleando para lograr algún objetivo personal. Ellos no abandonaban el terreno de la batalla, pero sí se convertían en un problema más para los que como yo estábamos acabados de llegar. Los que como yo lo habían pensado bien y no querían enfrentarse a ellos mismos.

Este tercer grupo, como no podían regresar a su pasado, creo por vergüenza o quizás porque en lo más profundo de ellos se sentían impotentes; realmente no lo sé, se quedaban cerca en el mismo terreno.

Este grupo eran los que estaban a un lado de la pelea. Solo observaban la pelea. De vez en cuando formaban otra pelea ellos mismos para estorbar a otros.

Este grupo hacía algo muy extraño, gritaban insultos a los que estaban tratando de llegar a la línea de combate. Es decir, a los recién llegados como yo.

Advertí que había más gente recién llegada igual que yo; solo que en aquellos momentos yo no tenía las fuerzas para observar la suerte de nadie. Estaba enfocada en lo que yo debía de hacer para mí misma.

Aquel espectáculo era algo tan deprimente que sacaba lo peor de cada uno de los que estábamos allí. Bueno, a mí me puso a solo pensar en mí misma y a no importarme la suerte de nadie.

Algunos se arrimaban a mí, antes de seguir su camino y me hacían preguntas. Fue cuando me di cuenta que todos estábamos desorientados y no teníamos la mas mínima idea de lo que allí estaba sucediendo.

Al principio sentí pena por no poder ayudar a nadie, pero me dije a mí misma - ¿cómo vas ayudar a alguien si tú misma no sabes qué hacer? Con este pensamiento logré apagar la voz de mi consciencia que me reprochaba mi actitud con la gente que me pedía ayuda.

El grupo de los frustrados, comenzaron a gritarme insultos ya que ellos querían que yo no me enfrentara conmigo misma y querían distraerme, como con malas intenciones no queriendo que yo lograra algo que ellos no habían podido lograr, producto del miedo que sentían en lo que se convertirían.

Este grupo estaba ubicado en el medio del presente y el pasado a un lado de la pelea a la que yo me dirigía. ¡Genial! pensaba yo. -Lo que me faltaba para completar aquel cuadro de incertidumbre. Solo faltaba un tercer grupo y allí estaban.

Al principio no descubrí la presencia de ellos ya que yo estaba muy nerviosa, temblorosa y mi visión no era muy buena. Pero cuando me decidí a abandonar mi camino, es decir dejar la meta de llegar a la línea de combate, lo hice volteando la cara para un lado y el otro a ver por dónde me podía escapar de aquella pelea inevitable. Entonces observé que existía un tercer grupo en mi mismo tiempo presente.

Comenzaron a injuriarme, -me decían- fracasada no lo lograrás, no puedes hacerlo, nosotros ya lo hemos intentado y no pudimos y tú no eres mejor que nosotros-.

Aunque sus insultos eran muy fuertes, me parecían fuera de lugar y en aquel momento había una lucha tan grande dentro de mí, que no tenía espacio para una situación más, así que ellos me parecían ridículos y patéticos ya que desde el primer momento me di cuenta de sus malas intenciones. Tenían envidia, celos y rabia; no querían que yo lograra algo que ellos no habían podido, por eso creo me insultaban y trataban de hacerme sentir menos que ellos, con la única intención de que desistiera de mi decisión de avanzar hacia la línea de combate.

¿Qué ganarían ellos con eso? No lo sé, pero creo se sentirían mejor si otras personas tampoco lo lograban, tratando de engañarse a sí mismos para ignorar su propio miedo y su fracaso, no porque habían perdido la pelea, sino porque habían abandonado antes de intentarlo. Esto produjo en mí, sentir mucha pena por ellos.

Lo que aquel grupo creo no sabían era que yo me estaba muriendo de miedo. Lo que pasaba era que trataba de dominarlo y seguir adelante.

- ¿Cómo llegarían a descubrir si realmente podían lograrlo si no lo intentaban? Me decía para mí misma. Me preguntaba si ellos se darían cuenta de lo que hacían o si por sus mentes pasaba otro argumento que lo que yo estaba observando ellos hacían.

Aunque en mi mente había pensado en abandonar la pelea igual que ellos. Para ser sincera era lo primero que había pasado por mi mente llena de miedo. Al verlos a ellos, yo me convencí que no quería ser uno de ese grupo. Al ver lo feo que era su comportamiento sentí vergüenza de convertirme en lo que ahora ellos eran.

Aquella escena era muy penosa ya que eran hombres y mujeres muy fuertes. Con las fuerzas que tenían y la destreza que mostraban podrían haber ganado aquella pelea.

Ellos al ver que yo no les enfrentaría, ya que no les hice caso y seguí enfocada en ir y tomar mi posición en la batalla, comenzaron a lanzar llamas de fuegos con sus bocas. Estas llamas salían junto con sus insultos, pero esta vez venían con fuego que era dirigido hacia mí. De sus bocas salía fuego literal y me hizo recordar a los dragones. Esas llamas eran inmensamente grandes y lo que tocaba lo carbonizaba en segundos.

Ante mis ojos había dos espectáculos tremendos. Uno era en lo que se estaban convirtiendo los que decidían enfrentarse a ellos mismos y el otro en lo que se convertían los que eran consumidos por el fuego que lanzaban los del grupo de frustrados.

Cuando vieron que las llamas que lanzaban no eran suficientes ya que yo las esquivaba como podía, empezaron a lanzar flechas gigantes, especialmente lo hacían en la parte trasera y en el camino del cual yo tenía que atravesar para llegar a mi posición. Las flechas estaban por todos lados.

En ese momento decidí de nuevo irme de regreso a mi casa renunciando de seguir con el objetivo por el cual había venido a esa batalla. Eso si es que podía encontrar el camino de regreso. No quería terminar pereciendo en la batalla, no ya como aquel moco pegajoso, sino como un cadáver atravesado por la espalda a traición por aquel grupo de gente frustradas.

Antes de marchar tuve una idea. Que ahora sé no fue muy buena. Pensé en acercarme a ellos y dialogar de una manera civilizada. Lo que no sabía era que aquella gente no tenía tregua para conversar. Estaban tan poseídos por la envidia y el celo que no aceptaban hablar con nadie. Parecían bestias. Su comportamiento era como fieras.

Yo siempre había sido una persona a la que le gustaba hablar las cosas, aunque fueran difíciles. Lo que yo no sabía que esto me causaría una herida mortal.

Cuando me acerqué para convencerles de que lo que hacían estaba mal; me lanzaron llamas que no pude esquivar y en ese momento me di cuenta que el fuego de las llamas de sus insultos no tenía ningún efecto sobre mí. Esto provocó que la ira de ellos se encendiera aún más.

Escuché a uno de ellos decir -Esa es del grupo de los que no hacen caso a nuestras palabras solo podemos herirla con las fechas gigantes y por detrás.

Cuando terminé de oír esto vi como comenzaron a lanzar

flechas por todos lados y uno de ellos me hirió con una flecha tan grande que traspasó mi costado derecho.

Por el impacto que causó aquel hierro tan grande en mi cuerpo caí al piso desangrándome y casi de inmediato me desmayé.

No sé cuánto tiempo pasó desde que me desmayé, lo único que puedo recordar es que estaba perdiendo mucha sangre. Cuando volví en sí me di cuenta que ellos creyeron yo estaba muerta y me dejaron en paz para ir tras otros soldados como yo.

Al abrir los ojos seguía oyendo insultos y oía personas gritando. Mi visión no era muy buena. Estaba postrada en el suelo y sentía un dolor tan grande que no podía soportar.

Allí tirada, adolorida y ensangrentada comencé a ver como si visualizara una visión, me veía yo misma frente a mí y sosteniendo mi cabeza tratando de decirme algo me movía. Esa yo misma me hablaba y me dijo

-Tienes que ponerte de pie y atravesar la línea de combate.

Le dije que no tenía fuerzas para otra pelea, ella me dijo -Estás equivocada la pelea ya la libraste ahora solo tienes que pasar al otro lado. -Le dije -Pero yo vi en lo que se convertían la gente; -me dijo- solo si te enfrentas a tus propios miedos lograrás ser real.

-Ahora eres solo un simple mortal, yo soy la verdadera

tú. Debes confiar en mí y dejar de existir, de otra manera yo nunca seré real y dejaré de vivir cuando tú mueras aquí de este lado de la batalla donde siempre es presente.

-Le dije - ¿Cómo dices que tú eres yo y que yo no soy real?

-Me dijo -es una pena que hayas entendido que tenías que venir a la pelea. Que hayas tenido las fuerzas y la valentía para llegar hasta aquí, aceptando que debías pasar al otro lado, solo para morir así-. Ella movía su cabeza y solo decía- ¡Qué pena!

-Le dije- Pero pensé que lucharías contra mí -Ella me dijo-. Todos se confunden antes de llegar a este punto y la mayoría muere a mano de los que están en el camino frustrados porque no pudieron sobrepasar sus miedos y no quieren que otros lo logren. Yo solo estoy aquí para hacerme una contigo cuando cruces la línea.

Yo comencé a toser muy fuerte como si me estuviera muriendo, comencé a sentir mucha sed, frío y todo mi cuerpo temblaba. Yo sentía más dolor en la herida y producto de la sed no podía seguir hablando. Pensé que era mi último momento.

Al escuchar las palabras de mi otro yo, me sentí muy mal conmigo misma, y dentro de mí no quería terminar de esta manera. No había vivido para terminar así, no había llegado a aquella batalla para morir sin dignidad. A decir verdad, yo no tenía fuerzas para una pelea más, pero me sentía muy mal por no poder hacerlo.

Tenía tantas preguntas que hacer, pero en ese momento, traté de sacar la flecha, con la intención de ponerme de pie y reincorporarme a la pelea y solo me hice más dolor, lo único que provoqué fue sangrar más y me volví a desmayar.

Espera un momento… ¿Te gustaría saber un poco más de la vida de los que están en aquel lugar, de dónde yo había salido? Es decir, ¿del mundo de los mortales?

Me gustaría contarte la historia fascinante de cómo fue que dejé de ser una simple mortal para volverme la persona que ahora soy.

Antes de seguir adelante con el desenlace quiero que sepas cómo fue que llegué a estar en esta pelea.

CAPÍTULO 4

EN EL MUNDO DE LOS MORTALES.

A pesar de que vivía en medio de mortales, creo firmemente que todo lo que fui descubriendo en el camino hacia mi madurez, fue lo que me ayudó a entender quién era, en dónde estaba, de dónde había venido y hacia donde debía enfocar mi camino, para hacer aquello que había venido a hacer a este mundo de mortales.

En el mundo de los mortales.

Hace un par de décadas yo descubrí que no era un simple mortal. El proceso no fue de un día para otro. Creo que fui preparada de una manera sistemática y que todo lo que ocurrió dentro de mí, a mi alrededor, en mi mundo y las decisiones que tomé fueron el resultado de que yo comprendiera para qué había llegado a este mundo.

Desde niña siempre fui alguien con muchas interrogantes, todo me provocaba curiosidad por saber más y entender todo lo que pasaba a mi alrededor. Luego que fui joven seguía con más preguntas que nunca conseguía entender del todo. Cuando al fin conseguía tener algunas respuestas, las respuestas que conseguía me guiaban a más preguntas y así sucesivamente transcurrieron más de veinte años los cuales los viví como mortal, pensando como mortal y comportándome como un mortal sin saber que ya existía en el futuro y que no era un simple mortal. Yo ya era real.

A pesar de esto, creo firmemente que todo lo que fui descubriendo en el camino hacia mi madurez, fue lo que me ayudó a entender quién era, en dónde estaba, de dónde había venido y hacia donde debía enfocar mi camino, para hacer aquello que había venido a hacer a este mundo de mortales.

Mis ojos fueron abiertos paulatinamente.

He aquí mi historia.

Todo comenzó una mañana que fui a visitar a Tenea, era una amiga que tenía desde la niñez. Habíamos crecido juntas y siempre nos contábamos todo. Ella era una joven de 20 años y yo tenía 22, yo era mayor que ella.

Aquel día fui a su casa como de costumbre, normalmente nos visitábamos dos veces en la semana. Ella venía a mí casa o yo iba a la de ella.

Eran casi las dos de la tarde, y yo tenía en mente que saliéramos un rato para divertirnos, pero ella estaba muy triste. Me decía que no tenía ganas de salir porque un amigo suyo había desaparecido. Su amigo, decía ella había visto supuestamente a un guardián frente a la puerta de la ciudad.

Bueno esto no te parecerá extraño. Pues te cuento, en el mundo donde vivíamos no había ninguna puerta de la ciudad y mucho menos un guardián frente a aquella puerta. Así que aquella historia que su amigo le había contado unos días antes de él desaparecer, era un poco sospechosa.

Ella me dijo que su amigo le dijo que escuchó unos días antes de desaparecer, unos ruidos extraños y que le había dicho a ella que había visto a un hombre que se llamaba guardián en sus sueños, el cual había estado contándole algunas historias un poco extrañas.

Dos días después de su amigo contarle esto desapareció y ahora le están buscando sin encontrarle. Era lo que mi amiga me había contado.

Después de hablar con ella me quedé un poco pensativa en aquella historia y me dirigí a mi casa.

Por varios días no podía conciliar el sueño, me perturbaba la historia que había oído sobre Neten, el amigo de mi amiga.

Sueños extraños.

A lo largo de toda mi vida siempre había soñado cosas extrañas. Había soñado con otro tiempo y a decir verdad con otra vida.

Unos días después de hablar con mi amiga, me fui temprano a la cama. Cuando ya me quedaba dormida, oí ruidos en mi habitación. De repente me encontraba en otro lugar, allí observé a las gentes. Alguien que se acercó a mí me dijo mírate en el espejo. En el lugar en donde me habían llevado había un espejo y lo que vi me impresionó mucho.

En aquel espejo yo era un monstruo ya que mi cara estaba deformada. Mi rostro era verde y con muchos puntos negros grandes que sobresalían de mi rostro.

Luego de ver mi rostro en aquel espejo, quien me hablaba me dijo- mira lo que tienes en la mano- era una máscara, me dijo -ponlo sobre tu cara- así lo hice; entonces vi la cara que siempre había visto las pocas veces que me había visto en un espejo.

Cuando volví en sí (es decir desperté) estaba impactada por cómo había visto mi rostro en aquel espejo. Durante todo aquel día solo pensaba en esto.

Decidí salir de casa, con la intención de distraerme un poco y dejar de pensar en aquel sueño, pero fue inútil solo logré pensar más en ello.

Aquel día era un poco extraño para mí. Mientras caminaba dando un pequeño paseo para meditar y calmarme; comencé a observar a los moradores de mi mundo. Observé que algunos eran extraños, aunque a decir verdad nunca me habían parecido extraños. En este momento me parecía que sonreían raro. Luego me di cuenta que no sonreían, sino que tenían una máscara puesta sobre sus rostros. Estas máscaras tenían una sonrisa dibujada.

Nunca me había dado cuenta hasta ese momento, observé que todos éramos iguales, sonreíamos y parecíamos felices al ser iguales. Llevábamos puesta la misma ropa, el mismo peinado, la misma forma de pelo y los mismos accesorios. Hacíamos todo igual.

Es que ni siquiera nos dábamos cuenta de que llevábamos unas máscaras sobre nuestros rostros, yo me había dado cuenta por el sueño de la noche anterior ya que antes de aquel momento nunca lo había notado.

Un poco asustada por lo que veía, observé que teníamos todo igual así que pensé -si ellos tienen máscaras que tal si yo también.

Me fui inmediatamente a casa. Caminaba lo más pronto que podía para llegar sin entretenerme con nada ni con nadie en el camino. Solo quería llegar.

Cuando llegué comencé a mirar mi rostro en un espejo común que había en la sala de estar de la casa en que vivía. Para mi sorpresa yo también tenía una máscara. Fue un momento de mucha tristeza para mí, ya que, al mirarme en aquel espejo, su reflejo me confrontó con mi verdadera realidad. Yo también tenía una máscara igual que todos.

Cuando me quité la máscara frente al espejo no tenía la cara deformada como en mi sueño, pero de todos modos me sentía mal por mi reciente descubrimiento.

CAPÍTULO 5

EL ESPEJO ADMIRADO, PERO NO USADO.

Cuando observamos defectos o errores en otros debemos tomar un tiempo para auto evaluarnos a nosotros mismos, ya que muchas veces aquellas cosas que más criticamos de otros están dentro de nosotros sea que estemos conscientes o que no lo estemos. Seamos honestos nosotros también estamos en el mismo mundo que ellos o ¿no?

El espejo admirado, pero no usado.

Aquel espejo en el que me miré no era un espejo cualquiera era realmente especial, yo diría que tenía cierto poder, por decir algo para que me entiendas. Al observarme en él, era como si oyera una voz en mi interior que me decía que debía ser diferente.

Este espejo no era extraño para mí ya que lo conocía y estaba familiarizada más o menos con él. Había oído hablar de él desde niña por medio de historias especiales para niños.

Aquel espejo era muy común encontrarlo en las casas de reuniones comunes. Unas casas donde solo nos reuníamos para hablar de él (del espejo). Aunque aquel espejo lo teníamos en nuestra casa común, nunca lo había usado ya que no era la costumbre. Nadie lo hacía. Era como si todos supiéramos alguna historia relacionada con el espejo, pero muy pocos habían comprobado si lo que contaban sobre el espejo era cierto o no.

Algunas familias tenían uno en sus propias casas y lo usaban como amuleto de la suerte. Muchos lo colocaban a la entrada de la puerta para alejar los malos espíritus, decían ellos. Muchos tenían espejos en miniaturas para andar con ellos, aunque a decir verdad ahora no entiendo la razón de hacerlo sino lo usaban.

Todos hablábamos maravillas del espejo, lo tocábamos todos los días y decíamos frases relacionadas con él en cada reunión. Pero nunca lo usábamos para vernos en él, no era la costumbre y nadie lo hacía así.

Yo personalmente hablando, nunca sentí la necesidad de verme en él. Creía que era suficiente con admirarlo y hablar de él. Lo que no sabía era que él estaba allí para hacerme saber que tenía una máscara y que debía quitármela para comenzar a aceptar mi propio rostro, para comenzar a entender que había cosas que debía limpiar o quitar de mi rostro y para lo más importante dejar que el poder que tenía el espejo me ayudara a dejar de ser lo que yo era detrás de la máscara.

El objetivo de aquel espejo era que nos encontráramos a nosotros mismos reflejándonos en él, que encontráramos la identidad verdadera de quienes éramos para que nos sintiéramos felices como en realidad éramos en vez de llevar máscaras y querer ser todos iguales.

Observé a las personas de mi casa y no tenían máscaras puestas cuando estaban en la casa común, esto me pareció un poco extraño así que decidí seguir observando sus comportamientos y me di cuenta que cuando iban a salir, es decir cuando se daba por terminada la reunión todos eran diferentes en el sentido de que cada quien volvía a poner sobre su cara la máscara que mejor le parecía.

Aquellas reuniones se habían convertido en algo muy importante para todos nosotros, pero a decir verdad en aquella casa nos comportábamos todos como hipócritas unos con otros ya que ninguno se mostraba tal como era, incluyéndome también a mí. No sé si lo hacíamos conscientes o inconscientes. Yo lo confieso, al menos yo no lo era en aquel tiempo.

La diversidad de cada máscara.

Cada máscara era única y se adaptaba a cada tamaño y estatura y se hacía parte del rostro de la persona que la llevaba puesta, tanto era así que nunca podría haber creído que teníamos máscaras de no haber sido por el sueño que tuve.

Aunque cada máscara era diferente en su forma y podría decir que eran perfectas, todas se parecían entre sí. De alguna manera extraña todas tenían sonrisas dibujadas y una apariencia de piedad junto con una serenidad increíble.

No sabía mucho de estas máscaras ni dónde las habíamos conseguido. Observando noté que los niños muy pequeños no la tenían, pero a determinada edad ellas aparecían de la nada en cada rostro de cada individuo.

También observé que solo las usábamos cuando estábamos todos juntos, claro, fuera de la casa común. Cuando estábamos en la casa común todos hacíamos nuestros esfuerzos por ser sinceros unos con otros. Creo esto ocurría porque en las historias sobre el espejo siempre hablaban de errores y de que debíamos ser honestos y todas esas cosas nos hacían un poco vulnerable. En aquel lugar se manifestaban cualidades diferentes unos de los otros. Aunque para ser sincera no tengo ni idea por qué ocurría esto.

Cuando estábamos solos ellas se caían al suelo y andábamos sin ellas. Al menos había momentos donde cada persona podía sentir que no la tenía puesta, aunque como no se veían en espejos creo no se daban cuenta de todo lo que yo había descubierto.

Cuando alguien interrumpía nuestro momento de soledad las máscaras aparecían automáticamente en nuestro rostro. Yo creo que ellas también tenían cierto poder inexplicable para mi poco conocimiento en ese momento.

El efecto de estar sin máscaras.

Aquel descubrimiento sobre las máscaras me dejó un poco pensativa y comencé a tomar más tiempo para estar a solas y meditar.

Me compré diferentes tipos de espejos. Compré espejos grandes, pequeños, de diferentes modelos y colores para tenerlos en casa y así poder verme todo el tiempo y no solamente cuando estábamos en la casa común.

Comencé a usar las máscaras menos ya que pasaba más tiempos a sola y me miraba mucho en el espejo cuando no la tenía puesta. Esto trajo como consecuencia que me desacostumbrara a usarlas y algo en aquella mágica máscara dejó de funcionar conmigo.

Estando a solas me preguntaba a mí misma - ¿por qué yo usaba aquella máscara? ¿se darían cuenta las demás personas de nuestro mundo que llevan esas máscaras puestas? Y si es así ¿por qué razón no se las quitaban? ¿quién nos enseñó a usarlas? meditaba y pensé, ¿qué pensarían las personas con las que vivía si me quitaba mi máscara que yo usaba y salía a la calle sin ella? y decidí probar.

Cuando salí a la calle estaba un poco nerviosa, lo confieso porque no sabía si la máscara, aunque la dejé en casa se pondría automática, es decir aparecería sobre mi rostro de una manera mágica como con las demás personas; pero no sucedió nada y aunque estaba con gente mi máscara no se puso, de hecho, la gente no me reconoció y pasaba desapercibida entre ellos; ni aún mis amigos más cercanos se daban cuenta de que no llevaba la máscara puesta, aunque cuando yo hablaba sabían que era yo.

Algunos de ellos los más cercanos me preguntaban que si me pasaba algo porque al hablar mi vocabulario era diferente y algo que noté fue que también me sentía diferente, o mejor dicho me sentía un poco rara.

El hecho de no llevar la máscara puesta cambió mi vida por completo y para siempre. Me di cuenta que no me veía tan bien sin ella. Por momentos yo pensaba que era un poco parecida a un monstruo, que me veía mal y me enojaba conmigo misma.

En ocasiones hasta a mí misma me molestaba lo que veía en el espejo, quería ser diferente, quería cambiar, tenía el deseo de que mi rostro fuera otro ya que teniendo la consciencia de que mi rostro no estaba bien yo ya no me sentía cómoda conmigo misma y no quería esconder mi rostro en aquellas máscaras, porque aunque lo hiciera yo sabía en lo más profundo de mí, que seguía teniendo el rostro de un monstruo, aunque los demás no se dieran cuenta, cuando yo estaba a solas yo lo veía, y lo que sabía que yo era no me gustaba para nada. No me sentía bien con las máscaras puestas, pero tampoco me sentía bien sin ellas.

Qué dilema en el que ahora estaba y no tenía ni idea cómo acabarlo.

CAPÍTULO 6

TRATANDO DE ACEPTARME A MÍ MISMA.

C uando consigamos las respuestas a las preguntas que tenemos dentro de nosotros; estas respuestas nos guiarán a más preguntas.

Debemos entender que mientras estemos en este mundo lleno de imperfecciones nunca entenderemos todo y habrá momentos en que nos sentiremos frustrados y desorientados, aun cuando estemos descubriendo verdades.

Tratando de aceptarme a mí misma.

Después de un largo tiempo decidí volver a ponerme la máscara ya que sin ella me sentía sola, sin identidad e inclusive me sentía rechazada hasta por mi propia familia que ya me veían como la rara del grupo. Y creo era verdad, era la rara del grupo.

Seguía meditando y buscando respuestas a tantas preguntas que tenía en mi mente. Preguntas que cada vez se hacían más y sin conseguir respuestas no sabía si estaba en un buen camino, ya que no me sentía diferente que los demás solo un poco mas frustrada.

 Tenea, mi mejor amiga me decía que yo era muy joven y que no tenía que preocuparme tanto, que pensaba mucho y que lo que debía hacer según ella era disfrutar la vida. Según ella la clave de nuestro mundo estaba en disfrutar la vida sin pensar en nada más, ya que la vida era muy corta y había que vivirla.

Tenea se había vuelto una experta en el uso de máscaras y tenía la habilidad de cambiarla cuando quisiera y dónde fuera.

Fue en aquella época donde me di cuenta que había personas como yo, que sabían controlar el poder de aquellas máscaras y se las podían poner o quitar cuando desearan, inclusive podían usar otras o las de otras personas. Solamente que cada quien lo hacía para lograr sus propios beneficios y no para cambiar lo que ellos eran.

Descubrí un montón de cosas.

Creyendo que yo era la única que entendía el poder de las máscaras. Estaba equivocada, había gentes que usaba sus descubrimientos para manipular a los demás con engaños. Esto era tan fuerte que hasta dentro de nuestra casa común había gente que habían descubierto eso y usaban máscaras de gente buena para engañar a otros consiguiendo lo que a ellos les interesaba. Usaban el espejo en todos sus discursos. Aunque yo observaba que eran hipócritas porque ellos mismos no lo usaban.

Esto me daba tanta repugnancia. Afectó mucho mi vida por un largo tiempo porque me volví desconfiada y siempre estaba tratando de ver si la gente de la casa común estaba mostrando sus verdaderas intenciones.

Yo creía que eso no era honesto (el usar máscaras hablando maravillas de aquel espejo) y que debíamos vivir sin máscaras mostrando nuestras verdaderas intenciones a los demás, es decir que según yo debíamos mostrar nuestros rostros tal y como eran, llenos de defectos y no tan perfectos como la gente de mi mundo quería mostrar.

CAPÍTULO 7

CUANDO QUISE CAMBIAR MI MUNDO A MI MANERA ME QUEBRÉ

Cuando alcanzamos a entender lo inexplicable. Cuando llegamos a entender en lo más profundo de nuestros corazones que nuestro interior nos está pidiendo a grito un cambio. Hagamos todo lo que debemos hacer para cambiar nosotros, pero recuerda que tu experiencia es personal y no de todos. Recuerda que ese fue tu momento y que los demás tendrán también el suyo. No quieras cambiar a los demás con tu experiencia personal y a tu tiempo.

Cuando quise cambiar mi mundo a mi manera, me quebré.

Quería compartir con todos mis nuevos conocimientos, y con ello ayudar a mejorar sus vidas, al mismo tiempo que yo mejoraba la mía. Trataba de explicarles a las gentes de mi casa común que se miraran al espejo antes de salir de sus casas. Porque según yo así se darían cuenta que llevaban máscaras en sus rostros, ya que según yo eso ayudaría a que no quisieran llevarlas puestas.

Fui tan torpe en mi afán por ayudar que hasta invertí todo el dinero que tenía para comprar todos los espejos que pude con la intención de que nadie tuviera excusa y pudieran andar con sus propios espejos o llevarlos a todos lugares.

Juzgaba por mí misma, por el deseo de cambio que anhelaba mi corazón sediento en aquellos momentos y creía que los razonamientos que yo había tenido cuando vi mi rostro en el espejo (en el sueño), ellos también lo tendrían al oírme hablar.

Estaba totalmente equivocada ya que no todos los seres humanos razonamos de la misma manera ni experimentamos lo que vemos de igual modo.

En el caso de ellos no habían tenido un sueño como yo lo tuve y no habían descubierto cosas como yo había hecho. Era mi experiencia y no la de ellos.

Con mi experiencia ellos no podrían sobrepasar la inseguridad que se vivía en nuestro mundo al tener que enfrentarse con la presión que provocaba el ser diferente del grupo.

Con mis descubrimientos ellos no podían sobrepasar el miedo de ser rechazados hasta por sus propias gentes.

No todas las veces que descubrimos que algo es malo para nosotros, eso significa que lo podremos compartir y que al compartirlo los demás nos entenderán, de la manera que nosotros lo hemos entendido. Al fin y al cabo, lo que hemos vivido o estamos viviendo es nuestra experiencia personal y no la de nuestro mundo.

Otra cosa más que aprendí, no siempre lo que entendemos significa que al entenderlo aguantaremos el proceso difícil del cambio, ya que no es lo mismo saber algo que entenderlo y poder vivirlo o tener la capacidad de sobrellevarlo en la práctica.

En la práctica necesitaremos más que conocimientos para poder llevar a cabo los cambios de patrones, para que podamos alinear nuestra mente con lo que hablamos y con nuestro comportamiento. En otras palabras, una cosa es la teoría y otra muy diferente es la práctica.

Era una lección que con el tiempo aprendería y que me dejaría con muchas marcas. Marcas que en su momento fueron heridas muy profundas que me causaron mucho dolor y tuve que tardar mucho tiempo para que sanaran. Aunque ahora puedo verlo claramente, en aquel momento me sentía confundida ya que no entendía el rechazo de mi propia familia hacia mí.

Me esforzaba en orientar (con críticas de sus

comportamientos) a aquellos que veía estaban mal, con la intención de que cambiaran y lo que logré fue un rechazo casi absoluto de todos a lo que trataba de ayudar.

Formé algunos grupos y traté de ayudarles a cambiar de la manera que según yo debían hacerlo, olvidé en el camino que aún conmigo misma que trataba de ayudarlos ellos usaban máscaras de gente buena y me hacían creer que querían cambiar cuando en realidad estaban confundidos y terminaban haciéndose daño y dañando a otros incluyéndome a mí.

¿Dependencia o costumbre?

Por largo tiempo pensé que el problema eran aquellas estúpidas máscaras, lo que no sabía era que la costumbre de usarlas era peor que el poder de ellas mismas. La costumbre, porque todos se habían acostumbrado a usarlas de tal manera que ya esas máscaras era parte de ellos mismos y que al tratar de no usarlas para siempre, terminarían quebrándose ellos mismos como había pasado conmigo.

No sabía que yo al tratar de que ellos la quitaran de sus rostros y se mostraran tal cual eran, les produciría tanto dolor que ellos asociarían el dolor conmigo y no con las máscaras que llevaban puestas y el proceso que debían pasar para dejar de usarlas.

Aquella época fue muy difícil por causa de que yo quería que todos experimentaran la libertad que había comenzado a sentir en mi interior.

No sabía que todo tiene su tiempo y que cuando estamos en un proceso debemos dejar de lado todo lo que nos distrae. Debemos entender que, aunque tengamos la verdad, el proceso de transformación y de cambio para dejar de usar máscaras debe ser algo personal, cada quien debe encontrar su momento en donde razone y tenga los pensamientos adecuados, para volver esos pensamientos argumentos y luego acciones que terminarán en un cambio inevitable en la persona que lo experimente.

Tampoco sabía que existía otro mundo con otro tiempo que no se veía y que pronto lo descubriría.

En el proceso de cambio que fue bastante lento seguía teniendo sueños como el del espejo y que me guiaron a otro mundo.

CAPÍTULO 8

ARREBATADA
A UNA BATALLA FUTURA.

Hay cosas que viviremos que tal vez nunca sabremos si fue real o no que lo vivimos. Lo importante es ser honestos con nosotros mismos y no engañarnos ya que dentro de nosotros hay un mundo tan real como nuestro mundo exterior.

Arrebatada a una batalla futura.

Un día estando en meditación oí unos ruidos en mi habitación. Salí a ver qué pasaba y caí al suelo del baño, creo que me desmayé. Cuando volví en sí estaba en un lugar extraño. ¿Recuerdas la línea de batalla que te conté en los primeros capítulos? estaba allí parada y estaba viviendo una película con todo lo que veía.

De repente sentía un ruido en mis oídos, un ruido como de muchas aguas y regresaba a mi habitación con una sensación como cuando se cae al vacío, todos hemos sentido eso alguna vez.

Aquello se repitió durante meses y me sentí muy incómoda de vivir esto y no sabía si era real o era durmiendo que lo vivía.

Un día resolví averiguar si era real cuando era llevada a aquel lugar. Cuando llegué aquel lugar me veía a mí misma doble y una línea que dividía dos grupos que eran iguales.

Cuando el sonido (sonido que oía cuando me iban a llevar de regreso a mi habitación) un sonido como de muchas aguas comenzó, sabía que me llevarían a mi habitación y con mis manos me aferré a la línea transparente que dividía los dos grupos con la intención de llevarme conmigo algo de aquel mundo, queriendo saber si aquello era un sueño o era real.

Cuando regresé a mi habitación tenía en mi mano izquierda cerrada algo que no sabía qué era y de inmediato la abrí. Para mi sorpresa tenía un pedazo de aquella línea.

Aquello que había traído a mi mundo, era sin color, sin olor, transparente y extremadamente delicado en mi mundo, ya que, en el otro mundo, aunque era transparente era muy fuerte, tan fuerte que estaba en una línea de batalla donde peleaban dos grupos.

Entonces comprendí que el lugar donde me llevaban era real, que aquella pelea que veía y que yo enfrentaba allí, también era real. Lo que me dejó con muchas más preguntas. ¿Cómo es que lo que traje de aquel mundo o de aquel tiempo, por qué en mi mundo se desvanecía en mi mano y era frágil? ¿qué significado tenía esto? Era lo que yo me preguntaba.

Lo que te cuento ahora (la pelea entre los dos grupos con personas duplicadas) en aquel momento era mi futuro, mi futura pelea para llegar al presente a pelear para dejar de ser un mortal. Pero yo aún estaba en mi mundo y no había llegado allí.

Aquella pelea la había librado por meses y yo no lo sabía, ahora tenía una prueba de que esa gran pelea era real. Una prueba que no me duró mucho tiempo ya que noté algo muy curioso con aquel pedazo de línea transparente que había traído. Noté que cada vez que la veía, ya que la había guardado en un pedazo de papel pensando me duraría muchos años, cada vez que abría el papel para verla o enseñarle a alguien, ella se volvía más fina. Era como si el aire de mi mundo no la dejaba seguir existiendo.

Por mucho tiempo traté de aguantar las ganas de verla para que no siguiera desapareciendo; pero siempre terminaba viéndola, al final un día desapareció ante mis propios ojos la única prueba que tenía de mi futura batalla.

Parece ser que las cosas de aquel futuro no eran compatibles en mi tiempo y en mi mundo.

Después de esto tenía más preguntas cuando aquella línea desapareció. ¿Cómo es que yo sí podía estar en aquel tiempo y existir sin problema alguno y este pedazo de línea transparente no? ¿sería que querían decirme algo? pero ¿qué y para qué?

En mi mente tenía un torbellino de preguntas, una lucha interna conmigo misma ya que me decía a mí misma que aquello no podía ser real, y si lo era ¿cómo es que yo podía ir al futuro?

La situación en mi mundo es que nadie me creería una historia así. Dirían que estaba loca ¿o quizás era así?

En aquel tiempo me sentía u poco loca o tal vez lo estaba o aún lo estoy. No lo sé, lo que sí sé es que aquello que había vivido era real.

Guardaba todas estas cosas en lo más profundo de mi corazón y solo mis amigos más cercanos conocían esta historia.

En mis sueños, yo ya en el futuro no era un mortal, había viajado unos 20 años al futuro y había peleado con lo que algún día sería mi presente. Creo fue en aquellas batallas donde dejé de tener miedo para enfrentarme a la pelea que me liberaría de ser un mortal.

En mis viajes al futuro siempre veía el mar. Aquel mar azul había impresionado mi subconsciente. Solo podía recordar su sonido, que me dejaba sin aliento. Aquel viento recio que no me dejaba concentrarme, aquel olor a sudor de la batalla era algo que jamás olvidaría.

Quedé marcada para siempre dentro de mí, por aquella sensación de impotencia que vivía cada vez que era arrebatada a la línea de combate solo para observarme a mí misma peleando.

Me concentré en recordar lo que veía, pero, aunque para mí aquel tiempo era real, en mi presente aún no lo era y no podía demostrarlo.

En aquel momento yo era muy joven y no hacia caso a esto, pronto me había olvidado de todo esto.

CAPÍTULO 9

EL GUARDIÁN DE LOS GUERREROS DEL FUTURO.

S iendo un mortal dejé de tener miedo para enfrentarme a mí misma como mortal para dejar de serlo.

El guardián de los guerreros del futuro.

Pasaron unos cuantos años en mi mundo. Ya casi había olvidado lo que había vivido en el futuro.

Era como que cada vez que trataba de ser una persona normal de mi mundo y olvidar aquellos sueños y experiencias extrañas, por una razón que ahora no comprendía volvía a vivir otra experiencia y cada vez las experiencias eran más profundas, más raras y más largas.

Una tarde fui llevada a otro lugar de la misma manera que era llevada al futuro. Un día me llevaron a mi propio presente en aquel momento, y a mi propio mundo.

Estaba en la plaza del pueblo, allí parada frente a un guardián gigante del que me había hablado mi amiga, aproveché el tiempo ya que sabía que mi tiempo era limitado y antes de oír aquel sonido que me llevaba de regreso debía conseguir información.

Me dijo que observara a la gente de mi mundo. Era extraño porque en el lugar donde había sido llevada era una réplica de mi propio mundo, por eso sé que era mi presente solo que era un poco más oscuro, como si fuera la noche, o un día sin sol.

Yo estaba allí como invisible ya que las gentes no se percataban de nuestra presencia.

Cuando observaba me dijo - mira todos hacen las cosas como robot- yo no entendía lo que él quería decirme ya que desde niña había vivido así. De toda manera era mi mundo, mí tiempo y no veía nada extraño en lo que hacían. El me miró y me dijo - lo que tu vives aquí en este lugar no es lo real, lo real está detrás de la puerta en el otro mundo.

-Observa bien, trata de ver más allá que lo que tus ojos ven. - me decía aquel guardián.

Observé y en verdad todos parecían y actuaban como

robot y sin vida. Eran como máquinas, se movían extraño. Nunca lo había visto así, ya que normalmente hablamos unos con otros, pero ahora no lo hacían.

Le pregunté - ¿qué es lo que ves de extraño en mi mundo? Él me dijo- que no se comportan como si tuvieran vida.

Andaban con la cabeza hacia abajo como si no estuvieran conscientes, bueno... como si fueran zombis.

Nubes ligadas a sus puños.

Estaba observando el comportamiento extraño de la gente de mi mundo cuando vi que andaban cabizbajos porque estaban observando una nube que ellos tenían amarradas al puño de su mano.

Me acerqué porque quería saber que era lo que veían y lo que tenían en la mano se parecía a un espejo, pero este estaba conectado por un hilo que arrastraba junto con ellos una nube pequeña. Esta nube se quedaba suspendida en el aire y parece no se separaba de ellos en ningún momento.

Quise ver más y vi como en la nube se reflejaba a la misma persona, pero haciendo cosas diferentes a la que estaban haciendo en el momento.

Le pegunté al guardián que era eso ya que nunca había visto eso en mi mundo o al menos de esa manera.

Él me dijo -lo que ves es un tipo de espejo virtual donde ellos simulan una vida. Esa vida solo existe en esa nube que tú ves arriba de la cabeza de cada uno.

Lo hacen para escapar de la presión de este mundo ya que en la nube ellos pueden ser lo que quieran ser.

El trabajo del guardián en mi mundo.

Me acerqué un poco más a aquel hombre gigante, que se llamaba guardián y le pregunté qué él hacía en ese lugar y él me decía que estaba allí esperando los soldados del combate del futuro. Unos soldados que vienen a ayudar para que la gente comprenda que deben salir del lugar en donde están.

Son los escogidos para traer esperanza a los que la pierden en medio del camino. Soldados que traspasan la línea del futuro donde viven para ir hasta el pasado de ellos para ayudar a otros en su presente.

Lo decía con tanto orgullo que ya me imaginaba esos soldados valientes, llenos de medallas y preparados con toda clase de armas para pelear. Era el perfil que me había hecho de esos héroes de los que me hablaba aquel guardián.

Imaginaba que eran gentes de gran estatura, robustos y con rostro de valor. Gente que nunca sienten miedo y que no se atemoriza por cualquier cosa. De todos modos, ya ellos han librado sus propias batallas y si lo hacen venir de regreso por gente al presente (para ellos su pasado) es por algo. Yo estaba equivocada otra vez como de costumbre y en el camino me daría cuenta que la realidad estaba lejos de la imagen que tenía de esos soldados del futuro.

Me dijo -observa esa puerta, pero yo no veía ninguna puerta solo veía una pared, a la que no se le veía el final o al menos mi vista en ese momento no alcanzaba a ver ninguna puerta.

Me quedé conversando con el guardián, me hablaba del trabajo que él hacía dentro de aquel lugar que era mi mundo presente.

Su trabajo, a lo que yo puedo entender era ayudar a los soldados que llegaban del futuro. Les ayudaba a entender el lugar en donde estaban ya que la mayoría según me decía él, no entendían bien por qué y para qué estaban allí. Llegaban desorientados y al poco tiempo olvidaban quienes realmente eran y comenzaban a comportarse como la gente de ese mundo y de ese tiempo al cual ellos no pertenecían, al que ellos habían venido solo con el único propósito de ser lo que se les había destinado para ser. Ellos se olvidaban de eso, no recordaban quienes eran y terminaban comportándose como robots igual que todos y hasta con máscaras puestas.

El trabajo de aquel guardián gigante era encontrarse con ellos en sus sueños, ya que de otra manera ellos se podían atemorizar y no creer. Él debía convencerles de quienes eran y que ellos conocieran que ya ellos existían en el futuro.

Me dijo aquel guardián que no era una tarea fácil convencer aquellos guerreros del futuro de que ellos ya existían en otro mundo. Que era muy difícil hacerles entender que eran valientes ya que muchos de ellos creían no poder lograr nada y se sentían inútiles en el mundo en que vivían.

Mientras le escuchaba hablar aquella historia me parecía un poco fuerte e intuía que el guardián no me estaba exponiendo todo. De todos modos, él estaba hablando conmigo toda esta historia y yo estaba en un sueño o al menos yo así creía en ese momento.

Me preguntaba a mí misma si yo había olvidado quien en realidad era yo. También me preguntaba por qué me estaba sucediendo todo esto, por qué el guardián estaba hablando conmigo. De todas formas, yo también había tenido muchos sueños durante mi vida. Pero la idea dentro de mí no duro mucho ya que el perfil de aquellos guerreros del futuro que yo tenía en mi mente no se igualaba en nada a quien yo creía que era en aquel tiempo.

Mientras pensaba en todo esto, de repente oí un ruido muy sutil y creí que era el sonido que me llevaba de regreso; pero no era así y frente a mí se abrió una gran puerta.

Como yo estaba un poco perpleja frente al acontecimiento que estaba viviendo, el guardián se cercioró de que yo estaba consciente de que la puerta se había abierto, tocándome en los hombros.

Le dije - ¡en verdad hay una puerta! ¿y ahora qué? me dijo -debes salir cuando alguien entre ya que estas puertas son solo para entrar.

CAPÍTULO 10

LA FORTALEZA DE HIERRO DETRÁS DE LA PUERTA.

E n nuestro proceso hacia la transformación que debemos alcanzar descubriremos cosas terribles y que nos tomará tiempo asimilarlo para poder seguir avanzando.

La fortaleza de hierro detrás de la puerta.

Aquel guardián no habló mucho conmigo ni me dio muchos detalles de lo que me esperaba detrás de la puerta. Nunca supe si fue por ímpetu o por curiosidad que atravesé aquella puerta a la primera oportunidad que tuve para salir. Tal vez lo hice porque creí que todo aquello era un sueño.

No tenía mucho conocimiento de lo que había detrás de

aquella puerta, tampoco sabía si encontraría algo que me atraería, solo lo hice.

Cuando salí me quedé perpleja de lo que vi. Frente a mí había una fortaleza de hierro gigante y lo que parecía un mundo, más que un mundo era una cárcel. Delante de mí un desierto árido, sin vida, inmenso y sin lugar para estar.

Aquel lugar solo parecía tener aquella fortaleza de hierro en medio de un gran desierto. Era una imagen de película de horror lo que yo estaba viendo.

Me turbé un poco al ver la realidad del lugar en donde siempre había vivido; era una cárcel. ¡Qué fuerte! verdad? me podría haber imaginado cualquier cosa menos eso.

En aquel instante noté que yo estaba volando sostenida en el aire, era algo que nunca había vivido y aparte de esto también oía voces.

Puse atención a esas voces que oía y decían -yo te saqué de ese lugar te liberé; lo decían una y otra vez. La voz que oía era como si estuviera oyéndome a mí misma. Era una voz interior como si fuera parte de mis propios pensamientos, aunque a decir verdad era una voz bastante fuerte.

No sé cuánto tiempo duré como en un éxtasis. Quizás esperando despertar o tal vez no quería creer cuál había sido mi verdadera realidad. Era una verdad que no podía negar ya que yo estaba frente a ella y no era una película

de ciencia ficción como alguien podría pensar. Era lo que había sido mi realidad.

Me sentía desorientada también un poco preocupada porque había pasado al otro lado de la puerta y aunque sentía un gran alivio por haber salido de aquel lugar, tenía muchas preguntas en mi interior, -me decía a mí misma -y ahora... ¿cómo será?

Siempre había sido alguien a quien no le gustaban los cambios y más aún cuando esos cambios no estaban planificados por mí y con un buen plan para llevarlos a cabo. Pero ¿cómo planificar salir del mismo mundo donde vives? ¿hacia dónde me iría? y es que ni siquiera sabía que ese mundo no era el verdadero. Nunca imaginé que existía un mundo más real y en el cual sería libre pero libre ¿de qué?

Creo que por esta causa las gentes no se animan a salir de esa fortaleza y también es por esa causa que las puertas solo abren hacia dentro, porque solo los que han podido salir de ella pueden entrar para guiar a otros a salir.

Lo increíble es que cuando tratas de convencer a alguien de la necesidad de ser libre de ese sistema en el que vive no te creen y te miran como si la que estuviera mal eres tú. Es lo que yo había hecho cuando aquel guardián me había dicho que debía abandonar aquel lugar, pensé que estaba totalmente loco.

Cuando estuve afuera del lugar, me di cuenta que el

problema real de aquel mundo en que vivía no eran las máscaras, sino era el mismo mundo.

Cuando estés afuera de la fortaleza tu manera de pensar cambiará y comenzarás a comprenderte a ti mismo.

Comprendí por qué a veces sentía que alguien me observaba o me seguía mientras caminaba. Esta sensación de la que te hablo la sentía desde niña y con el tiempo se fue haciendo parte de mí, hasta que me acostumbré a vivir con esas sospechas de que alguien me observaba. El que lo hacía era el guardián tratando de cuidar mis pasos por este mundo para que no olvidara quien realmente era y a qué había venido a este mundo y a este tiempo con un propósito.

Comprendí por qué en mi mundo me sentía rara. Es porque realmente lo era, no era parte de ellos, estaba entre ellos, pero no era de ellos.

Estando afuera me di cuenta que siempre tuve alas para volar solo que nunca había sido libre de lo que sentía, nunca había sido libre de aquella máscara que acaparaba toda mi atención de concentrarme en aprender a volar.

Las alas estaban allí débiles y sin uso, aunque en un par de veces había sentido esa sensación. Yo era tan pesada con aquella máscara puesta, que nunca pude desarrollar mis propias alas para volar.

Nunca me concentré en volar porque nunca descubrí

tener alas. Mi atención era casi absoluta en lo diferente que yo era de la gente de mi mundo y en lo horrible que era mi rostro sin las máscaras.

Los límites que hay adentro de la fortaleza no existen afuera, afuera puedes volar libre e ir a donde realmente debes ir.

Solo cuando estés afuera y atravieses la puerta te darás cuenta que el lugar en donde has vivido siempre fue una cárcel.

Nuestra primera percepción al volar.

Al volar y no tener límites nos sentiremos por momentos cansados y desorientados porque extrañaremos la rutina, extrañaremos nuestra pasada manera de vivir; extrañaremos el ser iguales a todos. Extrañaremos el mundo natural, el tener los pies sobre la tierra, el mundo de comodidad y seguridad al cual estamos acostumbrados desde niños.

El ser diferente, aunque te traerá libertad, por momentos te cansará porque ya no podrás esconder tu conformismo y falta de responsabilidad porque afuera cada quien es lo que tiene que ser.

Lo que más me impactó de ser libre es la conciencia de saber a dónde estaba, dónde estoy ahora y hacia dónde estoy dirigiendo mi vuelo.

Aquella fortaleza era de hierro, nadie puede romperla por mas que se esfuerce y tampoco es necesario, solo tienes que esperar que alguien entre para tu salir.

Espera tu momento aprovéchalo y no dudes ni un segundo; cuando las puertas sean abiertas no entretenerte y salir, no buscar excusas y salir.

La cuestión es salir.

Todos absolutamente todos en mi mundo tenemos un tiempo diseñado especialmente para nosotros para salir de la fortaleza en que vivimos y volar libres con las alas que desde siempre hemos tenido sin saberlo.

En aquellos momentos me di cuenta cuan equivocadas estábamos mi amiga y yo preocupadas por Neten (ya que no lo volvimos a ver en nuestro mundo) él estaba libre, él había encontrado la puerta y había aprovechado su momento sin pensar en amigos, había salido y ahora era libre como yo.

Lo que recuerdo de aquel lugar en el que estaba (mi desierto) que era nuevo para mí, que me asustaba, que estaba sola y que me sentía cansada.

Creo que es una etapa un poco difícil porque no vemos a nadie cerca que nos pueda dar una ruta del camino que recorreremos y esto nos asustará en el comienzo y nos hará ser un poco torpes.

Tengo la certeza de que no tenemos la capacidad de ir de vuelta a ayudar a nadie, aunque tenemos la posibilidad de entrar ya que las puertas solo abren hacia dentro; es decir que los que hemos salido podemos entrar de nuevo. Creo que muy pocos lo hacemos porque... ¿quién renunciaría a su libertad para volver a un lugar que ahora sabe es una fortaleza?

CAPÍTULO 11

NUESTRO PRIMER VUELO, UN DESIERTO.

Lo que ahora es una alegría y un gran descubrimiento, es solo el comienzo de las grandes verdades y respuestas que descubriremos si seguimos un vuelo que avance y dejamos atrás el lugar de donde hemos salido. Lo mejor que vivirás no está en tu pasado sino está por venir. Entonces rompe el círculo y avanza hacia tu verdadero tiempo. -Tu futuro.

Nuestro primer vuelo, un desierto.

Cuando salí de aquel lugar no tenía idea de lo que me esperaba. Razonaba y creía que lo peor ya había pasado y en un sentido no fue así.

Había sido entrenada desde niña para ser parte de un

grupo que buscaba alcanzar lo mismo. Cada uno se esforzaba por lograr aquello que no tenía y que otro ya había alcanzado.

Tenía mis objetivos bien claros y si por algún momento lo olvidaba para eso estaban allí todos los que me rodeaban para recordarme lo que debía alcanzar.

Había un ideal claro en mi mundo. Todos debíamos ser iguales costara lo que costara. Aquellos que por algún motivo lograban el objetivo común que todos teníamos, se sentían superados y mejor que los demás. Muchos hasta mostraban un aire de grandeza por haber alcanzado lo que todos queríamos alcanzar y que en ese momento ellos lo habían logrado.

Para lo que no estaba preparada era para enfrentarme con lo desconocido.

Allí estaba yo en mi primer vuelo sin buscarlo, sin pretenderlo, sin saberlo y sin haber sido entrenada para ello. Era un milagro absoluto que estuviera volando lo sé, aunque también sé lo que sentía en mi interior. Sentía una mezcla de felicidad y miedo.

La sensación era horrible; suspendida en el aire frente a un desierto inmenso donde por el momento no veía ningún indicio de vida. No veía nada ni señal de que a kilómetros yo podría encontrar a alguien que me pudiera orientar en esto que para mí era totalmente una nueva aventura.

Para mi percepción y mi visión en aquel momento solo yo estaba viviendo esto.

Tenía dos opciones, según mis razonamientos; volver a entrar en aquella fortaleza que había sido mi casa por tanto tiempo o seguir mi vuelo en busca de un lugar donde hubiera vida y alguien igual a mí para comenzar una nueva vida.

Uno de los errores que normalmente cometemos cuando comenzamos a vivir en este mundo desconocido para nosotros es que creemos que solo nosotros estamos viviendo lo que nos pasa en ese preciso momento. Pero pronto aprenderemos que en este mundo todo es muy personal, discreto y que todos vivimos nuestras historias en silencio, pero con los testigos necesarios, que casi siempre son pocos.

Aprenderemos que las cosas que nos pasan también pasan a otros. Lo que sucede es que como nadie habla lo que está sucediendo en lo más profundo de él o ella, no nos damos cuenta.

Comencé mi vuelo en aquel desierto, ya que la idea de volver a entrar a aquella fortaleza de hierro me hacía sentir como una fracasada. Sabía que debía continuar por las voces que oía de que me habían liberado. Porque dentro de mí sentía que me había pasado algo bueno y que estaba en ventaja y esto si lo había aprendido en mi mundo; en mi mundo aprendí a elegir bajo la convicción de que estaba eligiendo algo que era mejor y que yo estaba en ventaja de los demás; esta sensación la tenía muy clara dentro de mí.

Aquel mundo espiritual era un poco desconocido para mí, estaba rumbo a lo desconocido, nerviosa pero decidida a avanzar.

La razón por qué volamos en círculo.

Por mucho tiempo me quedé volando sin rumbo y como dando vueltas frente al lugar de donde había salido. Me atrevería a decir que volaba en círculo y que no estaba avanzando en nada.

Era como si una parte de mí no quería abandonar la idea de aquella opción que en un principio había descartado (la idea de volver a entrar en aquella cárcel, mi mundo). Al volar en círculo me sentía más segura ya que la fortaleza estaba frente a mí; disponible por si decidía atravesar aquella puerta.

Mi vuelo era alrededor del lugar en donde había salido y no creo ese era el objetivo, que yo volara así, sino que avanzara hacia adelante.

Aunque nos sintamos felices de haber logrado algo en este mundo espiritual tenemos que seguir avanzando porque siempre hay más; lo que ahora es una alegría y un gran descubrimiento, es solo el comienzo de las grandes verdades y respuestas que descubriremos si seguimos un vuelo que avance y dejamos atrás el lugar de donde hemos salido.

Extrañaba mi casa, mi familia y sobre todo extrañaba la vida que vivía de esforzarme por ser igual a otros, extrañaba aquella sensación de competencia que sentía en mi mundo.

Ahora no podía presumir con nadie, ahora sabía que no era mejor que nadie, que había cosas más importantes para lograr que simplemente competir por un lugar en aquel mundo ridículo de máscaras.

El desierto nos preparará para que cuando alcancemos la victoria no seamos arrogantes con aquellos que en sus inicios están desorientados como una vez lo estuvimos nosotros.

Encontré muchas cosas curiosas en aquel "mi desierto".

Lo primero que descubrí fue mi debilidad interna, mi inseguridad y mi falta de orientación hacia la meta de alcanzar lo que tenía delante.

Creo que descubrí todo esto porque al no tener que llevar máscaras y estar sola en aquel vuelo; sin tener que luchar para ser mejor que nadie, sin tener que impresionar a nadie; me relajé de tal manera que pude ser yo misma, sola conmigo misma.

Allí descubrí tantas cosas que no sé realmente cuánto

tiempo pasé en aquel lugar antes de avanzar hacia otro lugar. Estaba descubriéndome a mí misma y esto era algo nuevo e interesante para mí.

Una parte de mi estaba liberada; otra no.

Aunque había sido liberada de aquella fortaleza que para mí en aquel mundo espiritual era una fortaleza física, algo dentro de mí seguía presa o dentro de una fortaleza que no se veía, pero se sentía.

Tenía la sensación de estar presa con la opción de ser libre. Me explico, como si ahora estaba afuera pero dentro de mí otra que no era yo gritaba - libérame quiero ser libre y que seamos una.

Estaba libre pero no lo sentía, debía ser liberada de la cárcel en la que estaba mi alma. No era una cárcel visible era interior y yo debía aprender cómo salir de ella.

Me sentía como que mi verdadera yo estaba dentro de alguien o algo y me sentía limitada, aunque ahora ya físicamente no lo estaba, en mi interior seguía sintiéndome de la misma manera, presa.

Lo que no sabía era que mi interior solo sería liberado cuando comenzara mi vuelo y encontrara un agua que bebí en el camino que me hizo sentir la libertad que experimentaba en mi cuerpo, también dentro de mí.

Cuando avanzamos en nuestro vuelo encontraremos

respuestas, pero esas respuestas no están en tu presente, están en tu futuro y para alcanzarlas tienes que moverte. Para alcanzar los lugares a donde debes llegar debes cambiar de lugar y avanzar en tu vuelo.

Para lograr descubrir las cosas que sucederán en tu vida debes romper con la seguridad que te produce el volar en círculo.

Rompe con el círculo y empieza a arriesgarte para conocer lo que está preparado para ti.

CAPÍTULO 12

LA BEBIDA QUE LIBERÓ MI ALMA DE LA FORTALEZA INTERIOR.

La necesidad que crees tener ahora de algo o alguien no es verdadera. Esta percepción puede cambiar si tus prioridades cambian. A veces creemos necesitar algo o a alguien muy urgente hasta que nos damos cuenta que era solo la necesidad del momento. Así que disfruta lo que tienes hoy, ríe y siempre observa bien a tu alrededor ya que casi siempre tenemos lo que realmente necesitamos. La idea de lo que necesitamos es casi siempre un poco exagerada por nuestra mente cansada de las circunstancias que en el momento estamos viviendo.

**La bebida que liberó
mi alma de la fortaleza interior.**

Comencé a avanzar en mi vuelo ya que había decidido dejar de volar en círculo. Al volar pensé que de inmediato encontraría lo que anhelaba mi alma, pero no fue así; ya que durante mi vuelo pasó mucho tiempo sin encontrar lo que al inicio eran mis expectativas.

Tenía en mi mente unas falsas expectativas de lo que sería este vuelo.

Al pasar el tiempo estaba tan cansada de volar que ya para este momento las intenciones de mi vuelo no eran encontrar gente o un lugar en el que pudiera bajar y hacerlo mi hogar, como pensé al iniciar mi vuelo. Para este momento el cansancio era mental, físico y espiritual y me conformaría con un lugar solo para descansar.

Aunque había salido de vivir en círculo y estaba avanzando en mí vuelo, aunque fuera poco a poco, dentro de mí tenía mucha dificultad para olvidar todo lo que había vivido en aquel mundo que recién acababa de salir.

Ahora yo veía más claramente las cosas. Podía entender mejor las intenciones de las personas con las cuales había estado involucrada de una manera sentimental.

Estaba enojada, porque pensaba que en mi casa mi familia debió haberme preparado mejor. Debieron en aquellas reuniones tomar tiempo para explicarme sobre la existencia de este mundo espiritual y así estar preparada para este desierto para el que nunca me preparé.

Lo segundo que enfrenté fue la soledad.

Me sentía sola, no tenía testigos de mi realidad era solo yo y mi desierto. Aunque en mi mundo anterior también me sentí sola, como estaba rodeada de gente igual que yo, no tenía mucho tiempo para pensar en mi condición.

Una cosa que llamó mi atención es que en este mi nuevo mundo, se dormía muy poco y no había noche. El sol brillaba siempre y nunca estaba en oscuridad. Muy diferente a mi mundo que todos los días tenían noches.

Aunque no había noches para descansar yo sí sentía cansancio, mi cuerpo seguía sintiéndose mortal. Sentía hambre, cansancio y debilidad.

Decidí volar lo más rápido que pude; No sé por cuánto tiempo lo hice. Lo único que recuerdo era que podía ver el mar debajo de mí durante mi vuelo. Volé, volé y volé en busca de un lugar donde descansar sin tener éxito, solo veía mar.

Aunque me esforzaba por volar sin descanso no alcanzaba a ver ningún lugar para bajar a descansar y seguir mi vuelo. Esto me hacía sentir una inmensa frustración.

Aunque me sentía frustrada nunca dejé que esto interviniera en mi vuelo, siempre seguía volando. Me decía a mí misma - en algún momento encontrarás algo.

Ahora sé que si me hubiera detenido tal vez no lo hubiera

contado con éxito.

Nunca debemos detenernos a escucharnos a nosotros mismos cuando estamos frustrados. No es una buena idea, tomaremos decisiones equivocadas si lo hacemos.

Volé durante mucho tiempo sin encontrar nada hasta que de repente vi tierra y como me sentía tan cansada, bajé a descansar un rato. Estando descansando comencé a ver un pequeño kiosco donde veía que servían unas bebidas. Aunque por muchas horas creí que lo que veía no era real sino producto de mi cansancio, una especie de espejismo, no hice caso.

Lo siguiente que sentí parte de mi cansancio fue sed y hambre. Pensé - al menos en mí mundo tenía agua, comida y un lugar donde descansar-.

Notaba que a medida que avanzaba en mi vuelo mi manera de pensar en relación al desierto cambiaba. En estos momentos me descubrí deseando estar de vuelta en mi mundo. Menos mal que yo ya había roto el círculo y estaba muy lejos de aquella fortaleza en ese momento de debilidad.

Me quedé dormida por un rato. No sé por cuanto tiempo dormí, quizás horas o días, en realidad no lo sé. El hecho de que en este mundo no hubiera sol, no podía ser guiada por el tiempo. En ocasiones no podía saber si habían pasado horas, minutos o días. La mayor parte de ese tiempo me la pasaba desorientada.

Cuando desperté estaba un poco aturdida, había olvidado por unos pocos segundos que ahora estaba en otro mundo. Después de un rato recordé el espejismo que había visto y me decidí a irme y continuar mi vuelo, pero observé que el lugar que había visto no era un espejismo era real.

Oasis en nuestro desierto.

Cuando estemos en nuestro desierto atravesaremos una necesidad tan grande que nuestras prioridades cambiarán producto de las necesidades del momento y descubriremos pequeños oasis que en el comienzo pensaremos no son reales; esto será producto del cansancio y frustración por no encontrar un lugar en donde acomodarnos y hacer una nueva vida.

Lo que sé es que este no es el objetivo de nuestro paso por el desierto. Nuestro paso por el desierto no es encontrar comodidad sino todo lo contrario. Todo desierto tiene oasis para que podamos saciarnos por un momento y renovar las fuerzas para llegar a donde debemos llegar.

Estos oasis no son para que te conformes con ellos y no sigas tu vuelo, son para descansar y seguir avanzando.

Debemos aprender a creer e ir tras de esos oasis que vemos. Debemos cerciorarnos de que realmente no son espejismos ya que de otra manera pasaremos de largo por ellos sin ser saciados.

Debemos aprovechar toda oportunidad que encontremos

en el camino de nuestro vuelo, esto nos ayudará a llegar. Siempre recuerda…tu vuelo aún no ha terminado.

Nunca, pero nunca te conformes con un oasis, si lo haces nunca sabrás de lo que eras capaz de lograr de haber seguido tu vuelo.

Me acerqué a aquel lugar y vi que había un kiosco. Era una pequeña tienda de bebidas, sí, porque solo vendían bebidas muy pequeñas como en miniaturas.

El dueño o vendedor del lugar era un poco raro, no hablaba con palabras solo hacia mímicas con sus manos como los sordos mudos. El aspecto de aquel hombre era como las caricaturas y parecía la sombra de alguien, sus ropas eran como de un camarero y de un color gris. Era como si estuviera viendo la sombra de alguien reflejada en una pared.

Estando allí le pedí una bebida y él me señaló que tenía que pagar seis; hizo ademanes con sus dedos, aunque no me dijo seis de qué; pero yo no tenía dinero para pagar, y aun así yo no tenía preocupación en aquel momento.

Estando esperando mi bebida empecé a escuchar que alguien silbaba en el patio de aquel lugar como queriendo llamar mi atención. Decidí ir a ver qué era y cuando llegué a aquel patio del kiosco no vi a nadie. Dejé de oír el silbido y comencé a observar el suelo de aquel patio. Era como con piedras color ladrillo, parecía una pared. Observando las piedras vi tiradas en el suelo unas 6 monedas, las tomé en mi mano y entré a buscar mi bebida.

El hombre sombra como yo le llamé en aquel momento trajo tres bebidas y me pidió como pago algo con seis. Yo ya tenía en mi mano seis monedas, esa cantidad, se las pagué a él sin decir palabras o preguntar nada.

Tomé mis tres bebidas. Eran transparentes y en unos vasos muy pequeños solo para un trago. Pensé que no me llenaría, ya que tenía mucha hambre; quería algo sólido, pero me tomé las bebidas ya que era lo único que vendían en aquel lugar y al fin de cuenta algo era algo.

Esta bebida era un poco extraña, en el paladar tenía un sabor horrible, era amarga. Por la cantidad que era uno pensaría que no se llenaría y aún me quedaba otra incógnita ¿por qué tres bebidas y no un vaso grande lleno con las tres bebidas?

Cuando me tomé la primera bebida o mejor dicho el primer trago tenía tantas preguntas y muchas dudas sobre ellas, pero ya con el segundo trago comencé a cambiar mi actitud frente a ellas y empecé a sentirme diferente.

Cuando terminé con el último trago me llené de tal manera que ya no sentía debilidad por aquel viaje tan largo, no sentía nada de hambre y en mi cuerpo no sentía cansancio.

Aquella bebida me llenó de gozo y en un instante me

hicieron cambiar mis pensamientos, como si había hecho algo en mi mente, me sentía con mucho ánimo y fuerzas para continuar mi camino.

Aquella bebida me hizo olvidar la debilidad en mi cuerpo físico. Mi mente ya no sentía angustia por el hambre que sentía ya que ella me había saciado de tal manera que era muy raro que con tres tragos de ese líquido yo tuviera las fuerzas para seguir con mi vuelo en busca de respuestas.

En aquel kiosco aprendí que no debemos juzgar sobre lo que necesitamos ya que casi siempre hacemos un inventario equivocado porque juzgamos por la necesidad del momento, basados en nuestros pensamientos, prejuicios y sentimientos. Era lo que se hacía en mi mundo (del que había salido), en el mundo en el que ahora estaba era diferente, las cosas pequeñas saciaban el alma cansada, las cosas pequeñas llenaban de fuerzas y te hacían sentir invencible y con fuerza de búfalo para continuar.

Cuando estaba allí olvidé hasta el trayecto que había recorrido y solo pensaba en una cosa, continuar mi vuelo.

Salí de aquel lugar y continué mi vuelo. Solo podía ver mar y nada más.

CAPÍTULO 13

LA CRIATURA EXTRAÑA FRENTE A LA PLAYA QUE ME HABLÓ DEL LIBRO NEGRO.

Estaba envuelta en mis propias necesidades y esas se habían vuelto mi único interés personal. De esa manera había olvidado que hay más gente que sufre a mí alrededor. Que no pasaba nada; que podía detener mi mundo por un rato y oír al que estaba sufriendo.

La criatura extraña frente a la playa que me habló del libro negro.

Después que bebí aquel liquido extraño no tenía la noción del tiempo estaba disfrutando mi vuelo sin preocupación, solo disfrutando el paisaje que era espectacular.

Era la primera vez después de haber salido de mi mundo

que no extrañaba lo común, lo cómodo y me sentía con fuerzas para seguir descubriendo cosas nuevas en este mi nuevo mundo.

Luego de un tiempo no muy largo, a lo lejos pude ver un pequeño pedazo de tierra, yo diría unos dos kilómetros de tierra en el medio del mar. No había edificación alguna, no había vegetación ni señal de vida.

Volé hacia allá y me encontré con la criatura más extraña que he visto en toda mi vida. Creo esta criatura era lo único vivo en este lugar y por supuesto yo que acababa de llegar.

Esta criatura era un tanto extraña y un poco difícil de describir. Era como un animal de la mitad para abajo ya que tenía cuatro patas. De la mitad para arriba era como un humano ya que tenía dos brazos, aunque tenía varias cabezas, uno de sus rostros tenía rasgos humanos, aunque parecía un monstruo porque su cara estaba deformada, el pelo de su cabeza principal era rojizo y su otra cabeza era la cabeza de un león.

Entre sus manos pude ver dos libros que parecían ser uno solo. Uno de los libros era negro con letra de oro y el otro era un azul refulgente y sus letras parecían llamas de fuego. Este fuego parecía ser verdadero como si las llamas salían del libro.

Esta extraña criatura estaba frente al mar con su mirada en tierra. Gemía sin decir palabras, solo sollozaba con

mucha angustia, parecía que estaba sufriendo por algo
muy fuerte o doloroso.

Le pregunté - ¿por qué lloras? ella no contestaba. Luego
de un rato le pregunté cómo podía llegar a un lugar que
tuviera vida. Traté de contarle sobre mi viaje. Le pregunté
si podía decirme por qué yo estaba allí y si lo que estaba
viviendo era real.

Yo tenía la sensación de estar viviendo un sueño y deseaba
dentro de mí que en algún momento me despertara en mi
mundo y en mi cama.

A ella parecía no importarle mi preocupación, tampoco
se veía interesada por saber quién era yo. Me atrevería a
decir que ella lo sabía y que estaba esperándome llegar.
Como si por una razón que yo no sé ella quería hacerme
saber algo, pero ella no sabía cómo.

Yo sabía que ella lloraba por algo mayor que lo que yo
preguntaba, pero a mí no me importaba en lo absoluto,
yo solo quería encontrar una respuesta para seguir mi
vuelo.

Luego de un tiempo comenzó a suceder algo muy raro.
Ella dejó de llorar, pero comenzó a acercarse a mí y yo
determiné irme, creo que tuve miedo de ella, de cualquier
manera, ella tenía una cabeza de un león salvaje.

Ella me asió con uno de sus brazos y me dio uno de los
libros (el libro negro) aunque cuando yo lo fui a tomar

quise coger los dos, ya que eran dos los libros que ella tenía en las manos. Cuando me dispuse a tomarlo la criatura dijo - este libro te puede guiar- este es el libro de libros. Me lo dio y el otro lo tomó y lo puso entre sus patas y dijo - este es un libro que no puedes saber lo que hay en él. Tuve la impresión que era un libro muy importante y tuve la curiosidad de saber qué había en ese libro. El libro que no me dio era el libro azul.

Me miró con sus ojos raros, eran grandes y parecidos a los ojos de los caballos. Me decía -es importante que entiendas por qué estás aquí. Hay gente que necesita saber lo que realmente es importante; mencionó el amor hacia los demás, me decía -en tu mundo se volvieron egoístas y nadie ama y busca ayudar a otros; al contrario, se comparan entre sí, sin saber que son reales, que son importantes y que son gente grande en el futuro.

Han olvidado que donde viven es un regalo y que deben cuidarlo-.

En ese momento volví a retomar mi vuelo.

Aprendí a escuchar la voz de mi alma.

Mientras seguía la trayectoria de mi vuelo que al parecer era siempre el mismo, yo volaba sobre el mar sin ver ningún lugar donde bajar y descansar, recordaba las palabras de la criatura.

Llevaba en mi mano el libro negro que la criatura

me había dado con tanta urgencia. En ese momento, mientras tenía en mis manos aquel libro negro, sucedió algo; comencé a entender las palabras de la criatura. Algo dentro de mí se despertó y por primera vez en mi vida como inmortal podía oír mi alma hablar conmigo. Como si mis pensamientos entendieran todo lo que la criatura quería decirme y no me dijo. Aquellas frases que ella había hablado retumbaban en mi cabeza.

Mi alma tomó control de mis pensamientos y comenzó a conversar conmigo y cuando lo hacía sentía un ardor dentro de mí, un caliente que me hizo llorar como lo hacía la criatura en el momento que la encontré. Fue entonces que entendí el motivo de su llanto.

Oyendo la voz de mi alma entendí que en mi mundo de mortales debíamos haber sido más amorosos, que debimos haber pensado más en los demás y ser menos egoístas.

En este vuelo lloré porque comprendí la ingratitud de mi mundo, el amor interesado y a cambio de algo, entendí por qué ella no dijo mucho y solo lloraba.

Éramos nosotros mismos los que con nuestras actitudes nos habíamos vuelto fríos y calculadores. Donde cada uno solo buscaba su propio interés y así estábamos destruyendo todo lo bueno a nuestro alrededor.

Habíamos olvidado de quien era el mundo y por qué estábamos en el. ¡Era como para llorar!

Yo me había comportado con ella como los mortales de mi mundo, porque con el interés de tener respuestas para lo que a mí me atañía no me importó su dolor y su llanto, ya que solo quería continuar mi vuelo.

Estaba envuelta en mis propias necesidades y esas se habían vuelto mi único interés personal. De esa manera había olvidado que hay más gente que sufre a mí alrededor. Que no pasaba nada; que podía detener mi mundo por un rato y oír al que estaba sufriendo.

¡Qué pena tan grande sentí! pero ya era tarde para volver atrás. Porque una cosa que noté de este mi nuevo mundo era que solo había mundo en la parte delantera. Cuando dejaba una etapa del vuelo no podía ver nada hacia atrás ya que era oscuro. No podía volver atrás.

Solo me quedaba la esperanza de volver a encontrarme con ella en el futuro, porque en el mundo de los inmortales solo existe el futuro no hay pasado.

CAPÍTULO 14

MI ALMA ME CONDUJO A UN JARDÍN PEQUEÑO.

Mi alma me condujo a un jardín pequeño.

Estando entretenida con mi alma el tiempo transcurrió sin darme cuenta. Como venía llorando con un dolor profundo y verdadero, no me di cuenta que debajo de mí había un jardín.

Era raro, por primera vez en mi vuelo mis prioridades cambiaron. Ya no buscaba algo para saciar mi necesidad. Mi alma solo pensaba en lo egoísta que había sido. No tenía queja alguna de aquel viaje que a decir verdad me cansaba. Justo en este momento solo pensaba en lo mal que yo había tratado aquella criatura.

Yo iba a seguir de largo producto de mi dolor, pero un

ángel que estaba allí voló hacia mí y me dijo -ven tienes que comer y descansar para seguir tu camino-.

Era la primera vez en mi vuelo que había encontrado a alguien que hablara conmigo, que se preocupara por mis necesidades y yo producto de mi dolor lo iba a pasar de largo; aunque creo esto no podía suceder porque el ángel estaba cuidando el camino como esperándome para que yo no me pasara de largo.

Aquel lugar cumplía con todas las condiciones que al inicio de mi vuelo yo estaba buscando para hacerlo mi nuevo hogar, pero para este momento mi alma ya era inmortal y había cambiado. Mi alma solo pensaba en lo ignorante que yo había sido solo pensando en mí, solo preocupándome por mis necesidades en vez de aprender para volver a ayudar a otros.

Pensaba en mi mundo y tenía un sentimiento que nunca había sentido hasta ese momento. Sentía compasión y la necesidad de volver y ayudar a otros. Pero no sabía si esto en algún momento me sería permitido.

Estaba exhausta y le hice caso al ángel de descansar sin cerciorarme de mi nuevo entorno.

Me ofreció un plato con alimento, aunque no recuerdo el sabor era como un tipo de pan. Lo comí y me quedé dormida de inmediato, no sé si era porque había llorado tanto durante esta parte del vuelo o porque quizás tenía mucho tiempo sin comida.

Transcurrido un tiempo desperté porque el ángel me llamó y me dijo que debía hablar conmigo así que me levanté de mi sueño.

Le hice las mismas preguntas que le había hecho a la criatura de la playa. Él me miró y me dijo- estas aquí solo para fortalecerte y seguir-. No me dio ninguna respuesta a las cosas que le había preguntado.

Luego le pregunté sobre el libro negro que había recibido. Él me dijo que era el libro de libros y que debía aprender leyéndolo. Luego le dije del libro que la criatura no quiso darme, ya que me había quedado muy intrigada con lo sucedido.

-Me dijo -ese libro es la historia de tu vida en el mundo de los mortales. ¿Por qué razón no podía ver ese libro? - le dije - me dijo -Porque la mayoría cuando leen lo que sucederá eso hace que el futuro sea afectado. Eso no puede suceder, debes vivir cada día sin ninguna influencia externa. Tomar tus propias decisiones, aunque ya sabemos cómo podría ser, lo que está escrito en ese libro aún no ha sido terminado. Es muy importante que te enfoques en el camino que tienes que recorrer.

Por unos instantes mientras el ángel hablaba comenzó a volar delante de mí. Sus alas eran enorme y muy blancas, mientras aun hablaba desapareció de mi vista y me quedé sola en aquel jardín.

De repente pude observar que aquel lugar era un jardín

hermosísimo, aunque era muy pequeño. Parecía de la misma dimensión que lo era el lugar en donde estaba la criatura extraña.

Allí había todas clases de flores que yo nunca las había visto jamás en mi mundo. Había unos colores que yo no podría describir con palabras. Un color que vi que si me hiso recordar el color del mar, era un tipo de azul oscuro.

El color de aquellas flores era brillante y con puntos o diseños de otros colores. Cada flor era única. Aún de una misma planta no había en todo el jardín dos flores iguales. Todas eran de muchos colores a la vez y de diferentes tamaños, sencillamente eran espectaculares. También me llamó la atención los árboles eran de todos los tamaños y tenían toda clase de frutos que uno puede imaginar, había árboles de muchas frutas a la vez, de varias, de una y de diferentes colores también. En todo el jardín no había ni un solo árbol sin fruto. ¡Era increíble, parecía que estaba viendo un cuadro dibujado!

Había un aroma parecido al de los perfumes, muy suave y que no desagradaba al olfato. Este aroma cambiaba por rato; no era la misma de una manera estable, sino que el viento la cambiaba.

Estas flores y árboles parecían tener vida en sí mismos. Y de hecho era así, se movían aún sin haber ningún viento.

Cuando me acerqué para olerlas, las flores comenzaron a entonar un cántico, era muy hermoso, pero no lo recuerdo.

Luego se les unieron los árboles y las voces de los árboles eran como las voces de muchos hombres cantando a un mismo ritmo. No era un cántico escandaloso sino muy suave, tan suave como el sonido del viento, como si aquellas voces quisieran pasar desapercibidas por mí. Como si aquel cántico yo lo estaba escuchando, pero no era para mí.

Alcanzaba a oír un silbido, el mismo que había oído en el patio del kiosco. Comencé a buscarlo y no lo veía, pero lo oía. Pude sentir que alguien me tocaba y silbando trataba de decirme algo que no entendí. Luego sentí una mano muy caliente sobre mi hombro izquierdo. Sentí un caliente parecido al que había sentido cuando mi alma hablaba conmigo después del encuentro con la criatura extraña.

Pensé que quien me estaba tocando era el mismo ángel que me había dado de comer, pero creo no era así, era alguien que no quería dejarse ver. Lo que sentía era extraño ya que lo que el ángel no visible me estaba tocando eran mis hermosas alas. Creo él quería que me diera cuenta del cambio físico que yo había tenido.

Fue la primera vez que estaba consciente de que mi cuerpo ya no era el mismo, aunque estaba tan entretenida con el trayecto que no me había dado cuenta que mi físico no era el mismo. Sabía que tenía alas, pero no estaba consciente de todo lo que yo había cambiado.

Vi mi rostro reflejado en un pequeño riachuelo que había

en aquel pequeño jardín. Evidentemente yo era otra persona solo mi alma y mi mente tenían conciencia de que era la misma persona, pero mi apariencia física era totalmente diferente.

De repente el ángel que me estaba atendiendo llegó y me dijo que tenía que continuar ya que aquel jardín parecía un lugar donde recibían a los que como yo llegaban cansados, confundidos y llenos de preguntas.

Cuando él llegó lo vi en un lado del jardín, yo estaba junto al pequeño arroyo. Según yo también habían llegado dos personas igual que yo, no podía saber quiénes eran, tampoco supe si ellos me vieron, pero me sacaron con apuros a otro lugar ya que parece no podíamos encontrarnos. Creo fui sacada porque ellos debían comer y descansar. Fue lo que pensé en aquel instante.

Le pregunté al ángel quienes eran ellos y me dijo que ellos tenían que ir junto conmigo a un lugar para identificar un problema que yo debía resolver, pero que ellos aún no estaban listos.

Estando en espera de mi partida, de repente oí aquel silbido y vino cerca de mí. Sentí unas manos sobre mi mano derecha y me sentí segura. Era el ángel invisible quien me estaba tocando.

Luego sin verle sentí dos manos tocarme por mis sienes y me llevó a otro lugar en segundos.! Fue súper rápido ¡
 Estaba en otro lugar sin haberme cansado y sin tener

que volar llevada en un instante. Esta vez no volví a volar sola ya que me asignaron a alguien invisible para que me llevara, yo le llamé el ángel del silbido porque cuando se comunicaba conmigo solo silbaba y me tocaba. Sentía su presencia, pero no le veía.

En esta ocasión del vuelo (aunque realmente en este momento no hubo vuelo) yo me sentía muy segura ya que no estaba sola, alguien me guiaba sin tener que usar mis propias fuerzas para llegar, tampoco tenía que preguntar porque ya no era yo la que regía el ritmo del vuelo era otro que me guiaba, y mejor aún me llevaban a un lugar para mi primera misión según yo.

Me sentía contentísima creyendo que yo estaba avanzando y que había logrado algo muy importante ya que me estaban designando una tarea.

CAPÍTULO 15

LA FUENTE GIGANTE.

La fuente gigante.

Cuando llegamos al lugar que fui llevada por el ángel del silbido, llegamos en un instante como cuando uno pestaña. No me di cuenta cómo fue que llegamos tan rápido.

No sé qué pasó con el ángel que me había traído porque de inmediato comencé a verme sola como haciendo una inspección por todo el lugar.

Aquel lugar era muy insólito y no creo que exista un lugar así en mi mundo y tampoco lo había visto en este mundo durante la trayectoria de mi vuelo.

El lugar era en forma de una fuente de agua, no que había una fuente de agua, sino que el lugar era una fuente de agua, pero gigante. En la parte donde debía caer el agua eran pasillos por donde caminaba. Obviamente no había agua, era una fuente sin agua. En el centro tenía como una gran torre parecida a un castillo de reyes. Por la parte superior de la torre, es decir alrededor del castillo por todos lados le salían cadenas. Estas cadenas no estaban en una forma estable, sino que por tiempo se desenroscaban o se enroscaban. Sobre estas cadenas caía un líquido parecido al agua del mar (azul) y tambіén tenía el mismo olor a mar.

Al observar las cadenas me di cuenta que cuando las cadenas se desenredaban, el liquido azul, que era agua del mar comenzaba a caer sobre los pasillos como cuando se abre una llave, aunque no sé por qué razón el agua se detenía de caer cuando las cadenas comenzaban a enredarse.

Estando observando lo extraño del lugar me di cuenta que no estaba sola, que dos personas mas habían llegado igual que yo, aunque a decir verdad no nos juntamos en todo el recorrido ya que aquellos pasillos eran muy largos y parecían inmensos como en forma de un laberinto. Nunca logré juntarme con ellos por más que lo intentaba.

El lugar donde estábamos era rocoso y áspero como si estuviéramos dentro de algo, al menos a mi me parecía una cueva. No se podía ver la luz del sol, aunque dentro el lugar estaba iluminado.

Aquel lugar no parecía estar habitado y parecía que solo tres personas estábamos presente, al menos en esta oportunidad era lo que yo percibía.

No sé cuánto tiempo duramos (yo y los otros dos, que tenían apariencia a familiares mío) dando vueltas en la fuente hasta que nos dimos cuenta de lo que era. Soy honesta, a mí me tomó un poco de tiempo descubrir la forma del lugar.

Meditaba en mi mente por qué había sido llevada a aquel lugar tan anormal y para qué. Recordaba las palabras del ángel que me había dicho que tenía que observar un problema que debía resolver.

Dentro de mí, tenía otra vez un montón de preguntas sin respuestas. ¿De qué problema se trataba? ¿cómo debíamos resolverlo? (es decir las dos personas que veía y yo) ¿cómo podía resolver un problema que ni siquiera sabía cuál era? También tenía otras incógnitas, no me hablaron en plural. No me dijeron que debíamos, sino que yo debía - ¿por qué entonces, estaba con más gente y no trabajábamos en equipo? ¿por qué ellos llegaron por su lado, a su tiempo y aún después que llegaron era como si no se dieran cuenta que yo también estaba allí?

Me senté en uno de los pasillos un poco agotada de tanto pensar y comencé a observar más de cerca aquella torre o castillo. Me llamaba la atención que tenía cadenas y que las cadenas se movían de tiempo en tiempo.

Pensé que el problema eran las cadenas, pero aun así ¿qué tenían de malo? y aunque supiera ¿cómo lo resolvería?

Después de un rato empecé a escuchar el sonido de animales salvajes, como si estuvieran dentro de la fuente, aunque no se podían ver yo solo los escuchaba.

Cuando me di cuenta de esto, traté de avisar a los otros dos que también estaban en la fuente.

Como pude alcé mi voz y les grité que teníamos que salir porque estábamos en un lugar peligroso. No me hicieron caso y pensaron que estaba loca, aunque no les culpo ya que solo yo oía aquellos animales. Tenían una actitud de ignorarme como si no me estuvieran oyendo.

Sabía que aquel sonido era real y que si no salía del lugar cuando aquellos animales llegaran me devorarían cosa que me preocupaba mucho.

Estando mirando las cadenas y oyendo los animales rugir sentí que el ángel del silbido había venido por mí, pero esta vez, aunque no le veía, le pude oír hablar y me dijo, -ven tienes que salir de aquí. Esta vez no nos fuimos en un instante, sino que caminamos por el lugar y nos dirigimos hacia un túnel que a decir verdad parecía que era el único acceso que tenía aquel lugar tanto para salir como para entrar.

Mientras más nos aproximábamos a la entrada del túnel, aquello parecía más una cueva que un lugar. Oía más fuerte el sonido de los animales, parecían leones con hambre. Pensé - ¿hacia dónde me lleva este ángel? De pronto uno podría pensar que habíamos tomado el camino equivocado y le pregunté al ángel - ¿hacia dónde vamos? Me respondió -estamos saliendo del lugar no tengas miedo, tenemos que darnos prisa ya que los que viven aquí están regresando, por esa razón los escuchas más cerca.

Yo me preguntaba en aquel momento ¿por qué razón el ángel no me llevaba de vuelta al jardín como me había traído? Pensaba para mí misma que él había escogido el camino más peligroso y esto me parecía innecesario. No sabía que esto era parte de un plan de aprendizaje que yo entendería mas adelante.

Mientras avanzábamos en aquel túnel, comencé a visualizar luz, era la luz del sol. Cuando miraba hacia atrás podía observar la forma de aquel lugar con más exactitud ya que visto desde lejos (aún estando adentro) se puede ver más claramente que es una fuente gigante. De lo que no me quedaba duda es que estaba saliendo, cuando pude desde lejos observar el mar sentí un gran alivio ya que a decir verdad estaba muy inquieta por salir.

En un lado del túnel ya casi afuera del lugar casi nos tropezamos frente a frente con un hombre y seis leopardos que parecían estar hambrientos. El hombre estaba vestido muy raro, quien parece ser era su adiestrador ya que le decía -vamos rápido las presas ya están en su lugar. Vamos devorémoslas.

Aquellas palabras me dieron mucha ansiedad, pero al parecer ellos no podían verme o yo realmente no estaba allí porque pasaron de largo sin siquiera hacer una sola señal de que me veían. En ese momento me sentí invisible como mi ángel, aunque no tuve mucho tiempo para pensar en ese detalle, ya que mi mente estaba inquietada por otra cosa.

Me sentí afligida por los que se habían quedado dentro, pero yo no podía quedarme ya que era muy peligroso y no podía arriesgar mi vida por la incredulidad de ellos. Era una dolorosa verdad saber que las personas si me hubieran creído se hubieran evitado aquel momento difícil, según mi percepción.

Cuando estuve afuera del lugar el ángel me alzó. Voló muy alto encima de aquel lugar. Yo no entendía por qué él no me llevaba como al principio tocándome las sienes. Cuando salí y volteé a ver el lugar me di cuenta que el lugar no era gigante que la que era pequeña (una miniatura) en ese momento era yo. También vi el lugar desde afuera y no era ninguna cueva, era mi propio cuerpo echado en el jardín como si estuviera durmiendo. Volábamos encima de mi cuerpo. Estábamos volando entre mi cintura y mi cadera, cuando me di cuenta de lo que pasaba. También observé que el lugar que parecía una cueva de donde habíamos salido era uno de mis oídos.

No pude articular palabra alguna y el ángel lo notó y

bajamos para descansar.

Cuando el ángel soltó mi mano, ya que en esta ocasión lo que él tenía agarrado era una de mis manos y volábamos uno al lado del otro, yo no podía verle, pero le sentía y oía. Caí como dentro de algo y sentí la sensación de mucho sueño. No perdí tiempo y pregunté por qué habíamos entrado dentro de mi misma y qué era lo que yo debía resolver. Cuál era ese problema, quienes eran esos leopardos y qué pasó con las otras personas que vi dentro de la fuente que, a decir verdad, no era ninguna fuente sino, que era mi interior.

El ángel en ese momento se desapareció y el otro ángel vino con una bandeja en su mano y me dijo - ya habrá tiempo para hablar ahora come que tienes que fortalecerte para seguir tu camino.

Comí y me quedé dormida.

CAPÍTULO 16

EN EL MUNDO INMORTAL VOLVÍ A LA VIDA.

En el mundo inmortal volví a la vida.

Cuando desperté estaba sola y me sentía aún cansada. No recordaba lo que había pasado, pensé que realmente todo había sido un sueño.

A decir verdad, no me hubiera dado cuenta de que lo que viví dentro de la fuente (que era mi interior) fue real si no fuera porque seguía escuchando el ruido de los leopardos como si todavía yo estuviera en aquel lugar. También sentía un fuerte dolor en mi costado derecho, tenía la sensación como que tenía una herida, pero no era así, o al menos no se veía.

Por mi mente cansada pasaban vagos recuerdos de una

batalla en donde había sido herida. A decir verdad, para este momento yo no sabía lo que era sueño y lo que era la realidad. Estaba bastante confundida.

Fue en ese momento que recordé que yo estuve en una pelea hace mucho tiempo y que me habían herido.

Comencé a sentir mucha dificultad para respirar y mi cuerpo se comenzó a cambiar de color, no se veía el color de mi piel sino un color como morado como cuando tienes un hematoma producto de un golpe.

El ángel regresó con alimentos en su mano, pero esta vez yo no quería comer, no tenía ganas de quedarme dormida de nuevo, ya que aquella comida me tranquilizaba y siempre que la comía me quedaba dormida.

No podía respirar (no sé si era porque me sentía ansiosa) y me sentía muy débil.

Él me dijo —come, tienes que volver a entrar. No entendía lo que decía. Él puso su mano sobre mi costado y comencé a sentirme mejor. El dolor comenzó a disminuir gradualmente.

Me dijo -si comes mejorarás. Era como si aquella comida, que era parecida al pan tenía poder para sanar y quitar todo cansancio. Comí como me indicó y volví a dormirme. El calor del sol sobre mi rostro y el coro de los árboles y flores cantando me despertaron. No sé cuánto tiempo había pasado desde que me había quedado dormida con mucho dolor. Ahora estaba más consciente de que ya no estaba en la batalla donde me habían herido, estaba en el jardín.

Aquel cántico angelical me hizo mucho bien porque me hizo sentir paz interior y concentrarme en lo que era mi presente en ese momento. No sentía dolor, estaba un poco débil, pero me sentía mejor.

No entendía nada, pensaba para mí misma -quizás estoy soñando o estoy en la antesala de la muerte o tal vez pronto voy a morir.

Me incorporé y comencé a caminar por aquel hermoso jardín hasta que me encontré con el ángel del silbido.

El ángel invisible se acercó y me llevó de vuelta a la fuente, aunque esta vez la fuente era diferente, ya no tenía cadenas y en el centro del castillo había una mujer llorando, no sé si siempre estuvo allí ya que en mi primera visita no la había visto. En los pasillos había mucha agua, casi se podía nadar en ella. El agua me llegaba un poco más que a la cintura.

En segundos me di cuenta que estaba en peligro y que tenía que hacer algo, tenía que liberar a la mujer. Yo no sé de donde saqué aquella idea de una manera casi automática, como si estaba en mi mente, como si aquello era mi misión. Como si alguien mientras dormía en el jardín me había dicho lo que yo tenía que hacer.

Comencé a buscar un lugar por donde entrar en la torre donde estaba la mujer. Aquella torre era muy alta y yo no tenía ni idea de cómo podía llegar dentro de ella.

Buscando una estrategia en mi mente para liberar aquella mujer; de repente comencé a ver unos animales parecido a los dragones solo un poco más pequeños. Eran como los cocodrilos en la piel y su aspecto, pero erguidos de la mitad para arriba como las iguanas y no se arrastraban, sino que caminaban. Estaban allí para devorarme lo sabía, lo sentía en su mirada, aunque estaban distantes de mí, al otro lado de la fuente y nos separaba una pared grande; dentro de mí yo intuía que podían devorarme.

¿Liberando la mujer de la torre?

Entendí que no tenía mucho tiempo así que busqué una salida. Decidí nadar debajo del agua para poder ver y encontré un hueco, era como un túnel estrecho. Entré para ver y el túnel daba hacia una puerta que al abrirla guiaba a una escalera.

Estando debajo del agua caí en cuenta que el agua no tenía ningún efecto sobre mi cuerpo ya que yo respiraba sin dificultad alguna. Cuando llegué a la puerta, la abrí y subí por las escaleras. Estas escaleras llegaban hasta la entrada de la torre donde estaba la mujer.

Por causa de la prisa, o del agua en mis ojos; ya que todo esto lo hice sumergida debajo de agua no visualicé muy bien el rostro de la mujer que estaba dentro de la torre cuando llegué.

Dentro de la torre pude ver que el agua aún no había llegado al techo, sino que el agua llegaba solo hasta mis tobillos, un poco más abajo que en los pasillos de la fuente. En la torre había pocos objetos, aunque los pocos que había eran de mucho valor económico.

Aquella habitación no era muy grande era como la medida de cuatro metros cuadrados y parecía un dormitorio. Había una cama de dos personas que estaba ubicada en frente de una gran ventana de cristal que parecía un balcón interior. Dentro había muy poca luz porque creo la luz que entraba a la torre no era de afuera sino la misma que entraba a la fuente.

Adentro de la torre había poca visibilidad y no había un orden lógico. Las pocas cosas que vi allí estaban tiradas en diferentes lugares de la habitación como cuando alguien se está mudando. Había unas cuantas cajas abiertas y cerradas por toda la habitación. Cajas que tenían cosas nuevas sin nunca haberse usado. Sé que eran cosas nuevas porque estaban en sus empaques y tenían las etiquetas aún puestas.

En una esquina de la habitación, cerca de la ventana había una pequeña mesita de noche, color oro. Encima de la mesita pude ver una tiara tirada llena de polvo y telaraña, como si había sido usada alguna vez por una reina. También vi un manto color rojo y unos zapatos de diferentes colores tirados al lado de la mesita de noche.

La mujer de la torre estaba vestida con una ropa como de cama, parecía un piyama. Ella tenía un aspecto descuidado estaba sin peinar y su cabello alborotado caía sobre su rostro.

Cuando la observé, ella estaba entre sollozos y decía algunas palabras que yo no entendía. Parecía que estaba resignada a su suerte, hasta que yo llegué, la tomé de la mano y la saqué.

Me sentía como una heroína en ese momento, ¡quién lo diría que yo estaría salvando a alguien cuando había huido de una batalla muerta de miedo! Me decía para mí misma.

Cuando ya habíamos bajado por la escalera y estábamos afuera de la torre todavía teníamos que pasar por aquel largo túnel y yo no sabía si ella podía estar debajo del agua como yo.

Le pregunté si en algún momento ella había salido de la torre y ella me movió la cabeza como queriéndome decir que sí. Yo di por hecho que ella podía estar debajo del agua.

Aunque yo conocía el camino ahora era más difícil por varias razones, estaba sola, es decir sin el ángel invisible, había agua y para colmos también tenía que rescatar a alguien. Aunque esto a decir verdad no me molestaba sino me hacía sentir mejor persona. Me hacía sentir valiente. Seguimos el camino del túnel cuando oí ruidos y sabía

que eran aquellos dragones o lo que aquellos animales
eran. Aquellos animales horribles nadaban en círculo
alrededor de la fuente. Por lo que debíamos pensar en
una táctica antes de salir o moriríamos devoradas por
ellos.

La mujer que yo estaba sacando, me parecía un poco
rara. Se acercó a mí y me dijo -yo conozco un lugar aquí
donde podemos escondernos, es un cofre cerca de la torre.
Es donde yo me he escondido cuando he salido de la torre
y estos animales vienen. Allí espero un momento para
salir. Parece ser que estos animales no siempre estaban
allí, sino que venían periódicamente.

Le dije -está bien, guíame hacia el cofre y esperaremos
para salir.

CAPÍTULO 17

EL COFRE EXTRAÑO.

El cofre extraño.

Cuando salimos de la torre, ella me guio hacia donde estaba el cofre. El cofre estaba muy cerca de la torre que salimos.

-Me dijo -es aquí- señalando aquella extraña caja oxidada que pienso que en algún momento había sido un cofre, pero que en este momento comenzaba a deteriorase y a tener la apariencia de ser un simple pedazo de chatarra oxidada.

Era un cofre pequeño y no creo que pudiéramos entrar ni a un niño de dos años, mucho menos nosotras dos.

Le pregunté - ¿cuánto tiempo tienes que no sales de la torre? (queriendo saber si sabía lo que hacía y si había entrado allí cuando era niña).

-Ella me dijo -no lo sé, pero creo hace mucho tiempo.

-yo le dije -ya lo creo porque este cofre es muy pequeño, además de ser muy viejo.

Ella me miró un poco sorprendida de lo que yo decía y me dijo -yo estuve dentro y es enorme. No está viejo solo le hace falta el toque del rey.

Yo me quedé pensativa en lo que ella decía.

Ella se acercó al cofre y abrió la puerta, cosa que hizo un sonido como cuando abres algo que está atascado y oxidado.

En ese momento escuchamos los animales acercarse y ella me tomó de la mano y me dijo -debemos escondernos rápido.

Cuando entramos en aquel cofre, me quedé sorprendida. Dentro del cofre era como si estuviéramos en otro lugar. Aquella fachada de cofre pequeño era simplemente la entrada hacia un lugar muy amplio. Era tan amplio que creo sin temor a equivocarme, era del tamaño de la fuente o quizás más grande. Todo lo que quisiéramos entrar habría cabido sin problemas.

Me llamó la atención todo lo que había allí. Había muchas habitaciones con llaves en las puertas. Cada llave llevaba escrito arriba un letrero como queriendo guiar o dar la impresión de orden. Realmente no sé cuántas puertas había allí, pero eran bastantes.

Me senté en una silla que encontré, que a decir verdad era el único mueble que había en aquel lugar.
Sentada observaba a la mujer, le miré su cara. Se parecía a mí, pero como estaba tan maltratada nos veíamos diferentes.

Le dije - quién eres-

- Ella me dijo - no lo sabes, soy tu -. Yo no comprendía lo que estaba pasando y ella me explicó - tu me dejaste aquí hace mucho tiempo desde que eras una niña, crecí en esa torre esperando que tú llegaras un día para que pudiera ser libre y nunca llegaste, pero ahora lo seré-.

No me parecía lógico lo que veía, ya que me veía a mí misma, aunque un poco más madura y con más sabiduría, lo confieso.

Observé aquel lugar y le pregunté a la mujer o a mí misma - ¿por qué mejor no has vivido aquí?, es un lugar amplio y mejor que la torre-.

Ella me miró y con lágrimas en los ojos me dijo -así me pareció a mí al principio. Le miré queriendo saber más.
-Ella me dijo -esas puertas a veces se abren y aquí hay

muchos gritos y dolor. Yo escuchaba todo y lo sentía. Cada puerta de esa da a uno de los periodos de tu vida y muchos de ellos son muy tristes, solitarios y dolorosos. No quería estar aquí, ya que sufría mucho al escucharte. Construí aquella torre con la esperanza de que un día esas puertas fueran cerradas y tu cofre fuera restaurado por dentro. Lo que viste afuera, el óxido y el deterioro es solo una pequeña imagen de la condición verdadera de este cofre.

El sistema de habitaciones con llaves en el cofre.

-Lo que hiciste fue que creaste el sistema de habitaciones con llaves creyendo que así te protegerías, sin darte cuenta que estábamos a punto de perecer en la fuente, yo en la torre y tu dentro del cofre. -Me decía la mujer.

- ¿Dentro del cofre? -le dije.

Ella me dijo -sí, esa era tu casa. Ahí donde estás sentada era que pasabas la mayor parte del tiempo. Hasta que de vez en cuando abrías una de las puertas.

-Le pregunté - ¿hacia dónde guían esas puertas?

-Ella me dijo- hacía tu pasado- Las llaves tienen escrita una marca y te pueden decir qué hay detrás de cada puerta.

Ella era una mujer con ciertos poderes y en ese momento alborotó las aguas, no sé qué fue lo que hizo, pero las cadenas que habían estado en el otro lugar esta vez comenzaron a caer al suelo. Yo no las había visto porque estaban fijas, ya no se desenroscaban por eso no las había visto. Yo solo oía el sonido de las cadenas cayendo sobre los pasillos de la fuente. Era un sonido muy fuerte era como si cada vez que una cadena caía todo el cofre temblaba. El sonido que provocaban aquellas cadenas era como cuando una bomba explota.

Aquella mujer que era yo misma (aunque yo era una simple mortal sin ningún tipo de poderes) levantó sus manos y comenzó a entonar un cántico, lo que alborotó las puertas dentro del cofre.

Mientras ella cantaba sus ropas comenzaron a cambiar de un piyama a un vestido muy hermoso parecido al de una reina o princesa asiática. El vestido era un poco raro porque también a la vez parecía una ropa de guerra.

En verdad era un vestido muy hermoso del color del bronce, con detalles plateados. Ella levantó sus manos, y seguía cantando con sus ojos cerrados. En una de sus manos ella tenía grabada una marca. Aquella marca tenía una forma redonda y parecía un sello de cartas antiguas muy extraño. Este sello o marca decía algo que no alcancé a leer completo solo leí la palabra "comprada".

Después de unos minutos algo sucedió, la fuente se alborotó, parecía como que todo estaba temblando y se destruiría. El nivel del agua comenzó a subir en aquel lugar y había una presión increíble, como si hubiera una corriente de viento dentro de aquel cofre. No tengo idea de dónde venía aquella corriente de viento, tal vez era porque las puertas dentro del cofre se estaban abriendo y cerrando, no lo sé. El lugar se rebosó de agua a tal punto que parecía una gran inundación.

Como estábamos dentro del cofre y las puertas comenzaron a abrirse y cerrarse, ella me miró y me dijo -cierra las puertas y quita las llaves de cada puerta. yo enseguida le obedecí y lo comencé a hacer.

Mientras estaba haciéndolo vi algunas cosas que me dejaron un poco mal, vi épocas que habían sido difíciles para mí como la muerte de mi abuelo en una de las puertas y le pregunté - ¿para qué debo quitar las llaves, ¿qué sucederá con mis recuerdos?

Ella me dijo debes abandonar esa zona de dolor, nunca lo olvidarás, pero aprenderás a vivir y disfrutar la vida sin dolor. Cerraremos esas puertas y eliminaremos las llaves para que nunca más vuelvas a este lugar.

Ella seguía cantando como si estuviera acostumbrada a este tipo de acontecimiento.

Los dragones comenzaron a crear un sonido extraño y ella me miró y me dijo -canta conmigo y sobrevivirás, sino cantas ellos te destruirán los oídos.

Yo estaba un poco atónita de tantas cosas juntas y pensaba - ¿quién está salvando a quién? Le hice caso y tarareaba la canción como podía, ella me decía que no dejara de cantar y así lo hice.

Comenzamos a ser expulsadas de aquel lugar. El cofre se rebosó de agua. Nosotras estábamos nadando bajo el agua y la puerta del cofre se abrió y fue como si el mismo cofre nos escupió.

Rodamos por un túnel que debíamos atravesar para salir y caímos sobre el mar. Allí no volví a ver a la mujer que yo había ayudado a salir ¿o ella me había ayudado a mí?

CAPÍTULO 18

CONFRONTADA POR MÍ MISMA.

Confrontada por mí misma.

Como pude nadé, porque me sentía muy débil, tratando de buscar a la mujer en el agua recordé a esos animales dentro del lugar y me asusté porque pensé que tal vez ellos también habían sido arrastrados por el agua, pero ellos no estaban allí habían desaparecido igual que la mujer.

En ese momento recordé que yo tenía alas y podía volar, lo intenté y no pude.

Nadé por un largo rato cuando sentí unas manos que me sacaron del agua como cuando se alza un bebé tocándome por los dos costados y me llevó de regreso al jardín. Pienso que aquellas manos eran las del ángel del silbido, aunque en este momento él no se identificó.

Allí me dieron de comer, algo para secarme y una túnica para ponerme. Aquella túnica tenía el mismo color bronce y diseño que la ropa de la mujer de la torre (cuando sus ropas se habían cambiado mientras cantaba) era larga, estrecha y con diseño asiático.

Me sequé y me puse la túnica, me parecía raro que me quedara exacta, ni grande ni pequeña, era como hecha a la medida, justa para mí. Poniéndome la ropa me di cuenta que mi cuerpo ya no me dolía, ni mi costado y que me sentía muy bien.

Era la primera vez desde que había salido de aquella fortaleza de hierro y que había empezado esta travesía tan larga, que me sentía bien y en armonía conmigo misma.

Aunque mi cuerpo lo sentía bien, aquella experiencia me dejó un poco pensativa, como casi todas las que estaba experimentando en el último tiempo.

Estaba pensando en la diferencia que tenían las dos fuentes, ya que la primera fuente estaba seca y vacía y la segunda estaba casi llena de agua y tenía una mujer en la torre.

Aproveché al ángel para preguntar algunas cosas. - ¿Por qué la primera fuente era tan diferente de la segunda?

¿por qué la primera no tenía agua? ¿eran la misma fuente o eran dos fuentes diferentes?

El ángel me miró como un poco desconcertado; en su rostro podía ver como que no entendía por qué yo ignoraba tantas cosas.

Me dijo -las dos fuentes eran las mismas solo que estuviste en ellas en diferentes momentos. La fuente no es una fuente eres tú misma en tu interior y la diferencia que viste fue porque en la primera vez que fuiste estabas mal enfocada y aún había heridas dentro de ti que tenían que ser sanadas, de otra manera nunca podrías haberte visto a ti misma en la torre. Pudiste verte porque ya tu prioridad en aquellos momentos no era preocuparte por la suerte de tus familiares, sino aprender del momento.

-Le dije - ¿cómo mis familiares? Nunca he estado con mis familiares aquí. -Él me dijo -tus familiares estaban en tu mente y cuando llegaste a estar consciente de tu propio interior solo veías a alguien en la fuente y no te concentraste en lo que fuiste a ver. Nunca estuviste con nadie, estuviste sola, aquellas dos personas, que tu veías eran solo imágenes en tu mente, era producto de lo que estaba en tu corazón, tenías preocupación ya que pensabas que serían devorados por los leopardos que oías.

El sonido de los leopardos hambrientos era creado por los pensamientos negativos que tú misma estabas creando en ese momento. Creaste un ambiente de tanta ansiedad dentro de ti que ya no podía seguir adentro o te harías daño.

Él seguía explicándome. -La primera vez que fuiste llevada a la fuente estaba seca porque aún no habías conseguido entender que necesitabas aceptarte a ti misma y aceptar que estabas herida. Necesitabas ser sanada y eso solo podía ser posible si te dejabas tocar y alimentar sin preguntar aun cuando no lo deseabas. Necesitabas que fluyeran aguas de vida dentro de ti.

-Le pregunté - ¿por qué cuando fui llevada a mi interior, luego me sentía tan mal y recordaba una batalla que hace tiempo había olvidado?

-Me dijo -porque el haber sido confrontada te dejó vulnerable la herida que creíste ya no tenías.

-Para poder verte de nuevo, es decir ver la mujer en la torre, debías saber de aquella batalla donde fuiste herida huyendo de ti misma.

-Y ahora ¿qué ha pasado con la mujer de la torre? -le pregunté-

-Me dijo -ahora es una contigo, ahora eres más fuerte porque ella te ayudó a salir del encierro en que tú te habías metido por miedo.

- ¿Cómo que ella me ayudó? pregunté aun sabiendo dentro de mí, que ella fue la que nos ayudó a salir con el poder de su cántico. Solo quería oír por la boca del ángel lo que había sospechado, para no seguir equivocándome en las conclusiones que yo hacía, ya que en la mayoría de conclusiones e ideas que tenía, siempre me equivocaba. Estaba comenzando a descubrir que en este mundo las cosas no son como parecen, y no todo es lo que tú crees que ves.

Me dijo un poco apenado y con voz baja -creo que no entendiste del todo quien era ella. Ella es la parte más fuerte que tu eres, nunca podrías haberla liberado.

-Le interrumpí - ¿pero? como queriendo corregirle ya que estaba diciendo algo que no se parecía a la realidad que yo había visto dentro de la fuente en aquella torre. Al yo decir esto, él me tocó una de mis manos y me señaló con su mirada. Me dijo -mírala- yo me quedé un poco atónita con la marca que tenía en mi mano, era la misma marca que la mujer tenía en su mano, la que vi cuando ella cantaba alzando sus manos.

Le dije con mis manos en la cabeza, entrando un poco en pánico y con el tono de voz un poco alto -pero y ahora ¿qué significa esto? Él me dijo- ahora tú eres una con esa mujer, que eres tú misma, ella ya es libre y no tiene que quedarse encerrada dentro de tus pensamientos, porque fue encontrada por ti. Contigo ella se liberó y ahora tú eres ella.

-Le dije - ¿qué significa eso?

-Él me dijo -cálmate estás muy cerca. No entendía algunas de las palabras que el ángel hablaba y por rato me quedaba desorientada.

En un momento vi que él se estaba moviendo como que se iría, le dije -antes de irte tengo una última pregunta - ¿es todo esto un sueño? Él me hizo otra pregunta - ¿por qué me lo preguntas?

-Yo le dije -ya no entiendo nada, no estoy en mi mundo, no vivo como en mi mundo, entonces por ende esto tiene que ser un sueño.

Me dijo -en un sueño las cosas no son reales y aquí todo es real. Lo parecido a un sueño es donde has vivido hasta ahora. Ahora es que realmente estás despierta.

CAPÍTULO 19

NUEVO CUERPO, NUEVAS ROPAS Y NUEVAS ARMAS.

"El espíritu lo recibiste al nacer, es un regalo, pero tu alma fue aprendiendo malas maneras y te volviste una persona amargada y ya no podías servir para ser un soldado del futuro."

Nuevo cuerpo, nueva ropas y nuevas armas.

Aún estaba en aquel pequeño jardín, pero estaba sola. El tiempo había transcurrido y no sé cuánto tiempo tenía allí. Era como si aquel lugar se había vuelto mi nueva casa. No sabía por qué no sentía la necesidad de irme.

Desde el día que me había puesto aquella ropa el jardín me parecía muy pequeño, de hecho, cada día que pasaba me sentía que las flores y los árboles se volvían mas pequeños y la dimensión de aquel jardín era casi mi propio tamaño, aunque a decir verdad era muy confortable porque nunca me sentía cansada y siempre estaba oyendo aquellos cánticos especiales de las flores y árboles.

El ángel que me servía venía cada vez menos y ahora el que me servía era el invisible, aunque ahora podía oírlo y hablar con él.

Un día cuando el ángel Silbido venía con mi comida le pregunté sobre mi ropa nueva.

-Le dije - ¿por qué tengo ropa nueva? Él me dijo -ahora eres una guerrera del futuro. Estás preparándote para la gran batalla.

Mis ropas eran extrañas como ya te había dicho eran como de guerrera, pero no podía usar mis alas desde el día que me había vuelto una con la mujer de la torre y no lo comprendía.

Le pregunté al ángel - ¿qué pasa con mis alas?

-Él me dijo - ¿cuáles alas?

Le dije -me había visto con alas al principio de mi vuelo-

-Él me dijo -Tus alas están en el mismo lugar no las puedes usar porque ahora tu eres gigante y cuando llegaste aquí tú eras una miniatura. Lo que sucede es que ellas deben crecer para que puedas usarla.

Por esta razón había sentido que había pasado mucho tiempo en aquel jardín. Debía esperar para estar lista para mi futura pelea.

-Le pregunté - ¿cómo sabré cuando yo esté lista? Él me contestó -Cuando tus alas estén de tu tamaño.

-Le dije -eso significa que solo me faltan mis alas -él me dijo -no, aún hay cosas que debes entender antes de regresar. El vuelo que debes emprender es un vuelo de gigantes por eso has sido entrenada como gigante. Aún te faltan cosas.

Te dividirán y destruirán tus alas.

- ¿Le pregunté -cuáles cosas? Él me dijo -nunca más debes tener tu corazón herido, debes de mantener tu corazón libre de sentimientos dolorosos, amargura, falta de perdón y frustración; porque eso te cambiará tus ropas y te destruirá el tamaño que ahora tienes y luego te dividirá de nuevo en dos. Y lo peor de todo, tus alas, las que serán gigantes se destruirán junto con la división interior tuya producto de haber dejado entrar esos pensamientos dañinos. Esos pensamientos son como los viste como leopardos hambrientos con deseo de destrucción.

Cuando llegaste aquí, junto contigo llegó tu espíritu encarcelado y tu alma destruida por el dolor. Tu alma es ese cofre que viste que aún necesita tratamiento en la fachada.

- ¿En la fachada? exclamé -Él me dijo sí, en lo que dejas ver. Es decir que no debes usar máscaras lo que debes hacer es sanar por dentro para que se refleje por fuera.

-El espíritu lo recibiste al nacer, es un regalo, pero tu alma fue aprendiendo malas maneras y te volviste una persona amargada y ya no podías servir para ser un soldado del futuro.

En esos momentos interrumpí a Silbido y Pregunté ¿por qué no podía ser un soldado del futuro? Él me dijo -porque nunca podrás dar lo que tú no tienes. Además, debes aprender a creer y aprender a no ver lo que tus ojos ven, sino a dejar que la mujer de la torre vea por ti. Que tu alma sea guiada por lo que te dice el libro negro y aprender que en ese mundo de mortales que vas a volver es solo por un tiempo limitado ya que tendrás que regresar.

CAPÍTULO 20

MI VERDADERO PASADO.

"**A**quí tú eres real e inmortal. Eres eterna como yo y esta es tu verdadera historia; no la que has vivido entre los mortales. Has tenido que pasar un proceso para volver a casa y reenfocarte; ya que si no lo logras jamás lograrás los sueños y proyectos que tuve contigo cuando te hice existir. "

Mi verdadero pasado.

Después que terminé de aquella larga plática con el ángel Silbido me sentía muy serena. Creo que fue la plática más larga que tuve en aquel jardín y lo más curioso que fue con alguien que no podía ver sino solo oír. Por una extraña razón su voz me parecía familiar. Pero no podía ser que le hubiera oído alguna vez, ya que lo que estaba viviendo era nuevo.

Dentro de mí ya no me sentía llena de ansiedad o preocupada por la idea de volver a mi mundo. Una parte de mí había entendido de qué se trataba todo lo que había estado viviendo. Sentía que estaba siendo preparada para algo grande y en lo más profundo de mí lo aceptaba de una manera positiva, aunque confieso todavía me sentía un poco confundida ya que no entendía todas las cosas que había estado viviendo.

Aquellos días sentí la necesidad de probar las frutas de aquellos árboles cantores. Pienso que fue porque tenía muchos días sin comer aquel pan que normalmente me hacía dormir y descansar a la vez que saciaba mi hambre.

Me acerqué a aquellos árboles frutales. Les hablé y les pedí permiso para probar su fruto. No recibí respuesta alguna ya que ellos no hablaban conmigo, solo cantaban. De todos modos, cada vez que sentía hambre y tenía la necesidad de comer de ellos no lo hacía sin pedir su consentimiento y al terminar siempre les agradecía ya que sabía estaban vivos igual que yo.

A decir verdad, no sabía si se podía comer de ellos y dentro de mí me sentía un poco preocupada de la reacción que ellos podían tener al yo arrancarles sus frutos. Ellos nunca hicieron ni una sola reacción negativa ni positiva cuando yo me acercaba o cuando les hablaba, pero supe que tampoco les molestaba que yo lo hiciera.

El encuentro con la niña entre los árboles.

Últimamente me sentía fuerte y casi no sentía cansancio. Así que pienso esta era la causa por la que no me daban a comer aquel pan que me llenaba y me hacía dormir.

Paseando por el jardín comencé a comer algunas frutas raras que no sé cuáles frutas eran, tenían varios sabores al mismo tiempo. Una de ella cuando la comí comencé a tener alucinaciones o al menos eso creo. Inmediatamente cuando la comí empecé a verme frente a un rio lleno de árboles.

Las hojas de los árboles eran de color naranja, como si fuera el otoño. Estos árboles no eran iguales que los del jardín, eran sin frutos solo tenían hojas. Eran muy diferentes de los árboles del jardín, no cantaban ni se movían parecían un cuadro de otoño muy hermoso.

Me paseaba por aquel bosque color mostaza con tanta tranquilidad como si siempre había sido mi casa. Al caminar escuchaba el sonido que provocaban todas aquellas hojas amontonadas y que al caminar yo pisaba.

Hacía mucho viento, pero aquel viento no era frío era muy cálido y agradable como si el viento quisiera decirme algo al oído. Le escuchaba como un susurro en mis oídos y le sentía como una cálida caricia sobre mi cara y todo mi cuerpo.

Esta sensación era tan agradable y me preguntaba por

qué me hacía sentir tan bien, y en unos segundos recordé por qué me sentía así. Este bosque anaranjado me producía la misma sensación que me hacía sentir estar en la casa de mi abuelo frente a aquella montaña.

Estaba observando los árboles y recordaba a mi abuelo cuando escuché a una niña llorar. Me acerqué y ella estaba sola en aquel bosque inmenso y esto me parecía un poco extraño. Como ya tenía un poco de experiencia en este mundo no hice ninguna conjetura en mi mente. Por primera vez en este mi presente de este mundo raro no tenía ninguna expectativa de lo que aquella niña era.

Cuando estaba cerca ella se detuvo de llorar y se incorporó para irse, creo tenía miedo de mí. En su mirada podía ver que me tenía desconfianza.

La saludé y le dije - ¿te pasa algo, estás perdida? Ella me miró con mucha ternura y me dijo -no. Yo vivo en este bosque y señalando me dijo -allí. Lo que estaba señalando era una cabaña muy hermosa que parecía un pequeño castillo en el bosque. Era sencillo pero muy hermoso; podía ver que sobre aquella cabaña había mucha luz.

Una cosa que me llamó la atención de aquella cabaña era como si estuviera dentro de algo o suspendida en el aire. Me explico… parecía como si aquella cabaña no estaba realmente allí. La veía suspendida en el aire a una altura como de mis rodillas. Sobre ella veía cuatro cosas al mismo tiempo. Veía mucha luz, la luna (aunque había mucho sol), las estrella y la lluvia caer sobre ella.

Como lo estaba observando de lejos no hice mucho caso.

-Le dije - ¿por qué lloras? Ella me dijo con algo en su mano -porque mi cofre está oxidado y no sé que pasará cuando mi padre lo vea; tengo miedo de lo que me dirá. Es un regalo suyo.

La tomé de la mano y le dije -tu padre no te regañará puede hasta que te ayude a restaurarlo.

-Me dijo -no lo sé. Tomé en mi mano el cofre y me quedé pasmada, era el mismo cofre en donde yo había entrado con la mujer de la torre.

Estaba oxidado y cuando lo abrí tenía muchas puertas muy pequeñitas con llaves muy pequeñitas también.

-Le pregunté - ¿por qué el cofre está oxidado? ella me dijo -yo lo enterré aquí en este bosque porque mi padre me dijo que debo prepararme para partir y me enojé mucho porque no quería irme. Cuando vine a buscarlo estaba oxidado y dañado y quiero llevarlo a mi viaje.

Lo tomé en mi mano y le dije -ven lavémoslo. Había un pequeño rio cerca, allí lo sumergí en agua y la niña lo tomó en sus manos y el cofre comenzó a brillar.

El óxido se estaba desvaneciendo como lodo entre sus manos. Ella sonreía y me apretó las manos. Cuando tocó mi mano algo pasó el cofre comenzó a flotar en el aire y se entró dentro de la niña como en la parte del corazón y ella me miraba y seguía sonriendo. Ahora ella flotaba sobre el aire igual que la cabaña que acababa de ver y parecía que no estaba allí.

-Me dijo -ven te mostraré mi casa. Empecé a caminar junto a ella, aunque ella seguía envuelta como en una burbuja transparente. Mientras yo caminaba a su lado ella me miraba y seguía sonriendo. Ya en la puerta ella seguía sonriendo y desapareció en el aire sin decir palabras.

Estando frente a la casa decidí entrar ya que la puerta de la entrada estaba entre abierta. Me acerqué y levanté mis pies para subir a la entrada ya que la casa estaba suspendida en el aire.

Encuentro con el rey.

Cuando entré pude ver una mesa muy hermosa con sillas y como si estuvieran esperando a alguien para comenzar una cena. Estaba todo listo sobre la mesa solo faltaban las personas.

Cuando me acerqué a la mesa escuché una voz de mujer que me dijo -te hemos estado esperando.

Era una cena especial, como si hubiera una celebración. Había un candelabro sobre la mesa con velas encendidas. Aquellas velas eran color rojo y su fuego era no solo de color extraño, no era como normalmente vemos el color de un fuego sobre una vela. El fuego tenía una forma extraña. Era del color blanco como la nieve.

Los platos que estaban sobre la mesa eran de diferentes colores, verde, azul y mostaza. El diseño de los platos era muy bonito como queriendo simular aquel mismo bosque en donde ahora estaba. Los platos tenían unos caballos dibujados no sé si eran dos o tres y sobre cada caballo (es decir encima de ellos, como queriendo simular a un jinete) Este jinete no era una persona o un animal era fuego en forma de jinete. El mismo fuego que había en las velas que estaba encendidas sobre la mesa. Todo combinaba de una manera armoniosa y muy hermoso.

La casa era muy acogedora, aunque en ese momento no pude ver las demás habitaciones, solo el comedor.

El comedor, el lugar en donde estaba al inicio de la entrada. Era lo primero que se podía ver cuando uno entraba, aunque la entrada estaba separada del comedor por una pequeña pared creo era de color oro, no lo recuerdo muy bien. El comedor era de una dimensión como de ocho metros cuadrados y estaba decorado como un lugar de gente muy fina. En una de las paredes había fotos de una niña vestida con ropas reales y en diferentes edades de aquella niña. Era una niña bella y muy alegre.

Observaba las fotos y me di cuenta que las fotos, aunque seguía una secuencia lógica de la edad de la niña, la secuencia solo llegaba a una cierta edad. También pude ver que era la niña que yo acababa de ver con el cofre oxidado.

La mujer se acercó y me dijo de nuevo -hemos estado

esperando por ti. Yo estaba un poco aturdida no sé si por los efectos de la fruta que me acababa de comer y le dije - ¿quién es usted? yo para este momento no quería volver a oír soy tu. Ella no me contestó solo sonrió y se acercó a una silla y me dijo -ven siéntate. Era una mujer muy amable e inspiraba mucha confianza. Su rostro me recordaba el rostro del ángel del jardín ya que ella era muy serena al igual que aquel ángel que me servía.

Me miraba con tanta ternura que parecía una madre en su mirada y trato hacia mí.

Ella estaba vestida con una túnica larga y ancha, sobre su cabeza había una corona pequeña y como queriendo simular no tenerla. Una parte de su pelo estaba tejido en una trenza de tres y parte caía sobre su espalda y la otra parte estaba envuelta entre la tiara que llevaba puesta sobre su cabeza. Ella tenía sobre su túnica un manto muy hermoso con diferentes colores pasteles, pero el color que mas sobresalía era el color azul del cielo. Su túnica quería simular una nube.

Regalos del rey.

De repente en la habitación se sintió un viento fuerte como el del otoño y pensé que se había abierto alguna puerta. Esta idea se deshizo de inmediato dentro de mí ya que el lugar comenzó a sentirse muy caliente y de repente entró en la habitación un hombre como de unos 50 años pienso; tenía barba y se veía muy maduro. Este hombre tenía una corona y ropas de rey como de las películas antiguas. Caminó desde otra habitación hacia donde nosotras estábamos y se detuvo antes de llegar a la pared que tenía las fotos.

Me miró muy alegre y me dijo -hija, bienvenida a casa. Cuando me dijo esto le miré y no comprendía lo que pasaba. Él me miró y me dijo como si supiera la incertidumbre que tenía en mi mente -es normal que no recuerdes nada. Nadie lo recuerda, pero aquí fue donde comenzaste a existir. Existes porque yo decidí darte vida y que nacieras en el mundo de los mortales para que luego volvieras a encontrarte con nosotros.

Miré a la mujer y pregunté - ¿es ella mi madre? Él me dijo —no; ella es yo mismo, pero también es tu ayudante.

Naciste en nuestra mente y corazón para llegar a ser una reina. Eso me dijo mientras se acercaba a la pared que estaba llena de fotos.

Me mostró las fotos que había en la pared. Me dijo -mira esa eres tú antes de irte al mundo de los mortales.

-Le pregunté un poco atónita - ¿cómo puedo ser yo? ya que acababa de hablar con la niña. Él me dijo -hace unas cuantas décadas que te perdí de vista-. ¿Le dije —décadas? hace un momento que hablé con esa niña que usted dice soy yo.

Él me miró y me dijo - aquí en la eternidad el tiempo es diferente que en el mundo que conoces.

La niña de la foto estaba muy hermosa y alegre. Me veía muy diferente de lo que había sido mi niñez en aquel mundo.

Pensé que estaba dormida ya que todo aquello parecía una broma de mal gusto. Comencé a no hacer caso de lo que el rey hablaba, tratando de poder ver toda la casa comencé a moverme de un lugar a otro.

Él se dio cuenta y se acercó a mí y me dijo -es necesario que te mantengas consciente, tienes que recordar quien eras en tu pasado eterno.

- ¿Cómo mi pasado eterno? le dije. Él me dijo -tú tienes dos pasados uno que es eterno el cual no recuerdas y otro en la tierra de los mortales.

Aquí tú eres real e inmortal. Eres eterna como yo y esta es tu verdadera historia; no la que has vivido entre los mortales. Has tenido que pasar un proceso para volver a casa y reenfocarte; ya que si no te enfocas en quien eres, jamás lograrás los sueños y proyectos que tuve contigo cuando te hice existir.

-Tu vida es mucho más que lo que ves en aquel mundo. Has existido antes, recuérdalo siempre. Tu propósito es más que los propósitos de aquel lugar en donde te puse para mostrar mi reino a través de ti.

-Hay más hijos que están allá desorientados y deben descubrir que estoy esperando por ellos. Deben volver a casa-.

En esos momentos se acercó y me besó con tanta ternura; tomó mis mejillas entre sus manos, acercó su cara a mi cara y me dio un beso en la frente que duró unos segundos. Luego caminó hacia uno de los muebles de la habitación en donde estábamos y abrió una gaveta y tomó en sus manos unas cuantas cosas y volvió a caminar hacia mí.

Traía entre sus manos dos cosas y una de ella era el cofre que le había visto a la niña, lo puso sobre mi mano derecha y me dijo cuídalo en tu viaje de regreso lo necesitas restaurado.

Lo tomé en mi mano y lo abrí y ya no tenía muchas puertas solo tenía una puerta adentro y una llave.

Estaba resplandeciente, como nuevo y le dije- ¿qué hago? me dijo - cierra la puerta y cuida tu cofre de sentimientos dañinos. Nunca más hagas el sistema de puertas, mantén tu cofre limpio y no guardes nada.

Le pregunté- ¿para qué es esa pequeña puerta que tiene dentro? me dijo -para que guardes como tesoro todo lo que has vivido aquí y lo recuerdes.

Lo apreté contra mi pecho y en ese momento recordaba muchas cosas vividas de mi pasado como mortal y comencé a llorar igual que la niña.

Del cofre salió una gran luz y penetró dentro de mí como si se hubiera hecho uno conmigo. En ese momento sentí que algo estaba pasando con mi cuerpo, comencé a sentir mi espalda pesada. Eran mis alas que se estaban volviendo gigantes como yo.

El rey me entregó una segunda cosa que tenía en sus manos, parecido a un bastón. Era un cetro color lila con blanco y plata. Era muy bonito y tenía orificios que salían colores de él, los mismos colores de los cuales estaba hecho.

-Me dijo -aquí tienes un regalo. Le miré y le dije - ¿qué es esto y para qué sirve? me dijo -no podrás verlo cuando regreses, solo aquí puedes verlo. Es un talento especial úsalo para ser diferente.

-Le dije -no entiendo. Él me miró y me dijo -no tienes que entender, luego lo entenderás. Una parte de ti me está entendiendo. De todos modos, eres mi hija y tienes una parte de mí dentro de ti. En ese momento me tocó la mano que tenía la marca y me dijo ella siempre me escuchará.

Luego tocó el cetro y me dijo -este cetro te recordará quién eres y lo que debes hacer cuando estés desorientada. Este regalo es parte de mi voluntad, mis planes y proyectos contigo. Si lo usas no olvidarás que te amo y que tienes que regresar aquí. Este regalo es para que seas diferente de los demás.

Se alejó de mí y cuando se iba me dijo -recuerda lo más importante es que regreses a casa.

-Yo le pregunté - ¿pero y la cena? él me dijo -la tendremos cuando regreses, aún no es tu tiempo debes regresar. -Yo le dije -pero todo está listo para la cena. Él me miró y me dijo lo sé, te vas por un tiempo limitado.

Luego con una mirada tierna se marchó de la habitación y ya no le pude ver más y la mujer parece era parte de él porque cuando él salió ella se desvaneció delante de mí. En aquel momento me di cuenta que estaba en el mismo jardín y que todo había sido real porque seguía con el cetro en mi mano.

Salí de la cabaña volando con mis nuevas alas. Era la primera vez que volaba sola en este jardín y me quedé frente al rio suspendida en el aire pensando en lo que había pasado.

Tenía en mi mano el bastón que me había dado el rey; con él tocaba el agua. Mientras tocaba el bastón y jugaba con él vi que tenía algo escrito a lo largo de cada lado del bastón. De un lado decía: "sé única y diferente" y del otro lado decía: "vuelve a casa".

CAPÍTULO 21

NO SOY UN SIMPLE MORTAL. EXISTO EN LA ETERNIDAD.

No soy un simple mortal. Existo en la eternidad.

Cerré mis ojos y suspiré profundamente mientras creía. El gozo me saltaba por los poros. Tarareaba la canción aprendida de aquellos árboles y flores cuando fui interrumpida por el ángel que me servía la comida.

Él no estaba solo, había venido junto con un pequeño grupo. Allí estaba el hombre de las bebidas al que yo llamo el hombre sombra y la criatura extraña de la playa. Estaban todos juntos en el jardín. Me miraban con admiración y sonreían con sus miradas fijas en mí, sin decir nada. De inmediato entendí que aquello era una despedida.

Me acerqué a ellos y le di gracias a todos por lo que aprendí durante todo mi proceso en aquel trayecto.

No dijeron mucho. No parecía que ellos quisieran decir mucho, solo se despidieron de mí con un abrazo y unas cuantas palabras.

Sentí en aquel abrazo tantas cosas que nunca podría describir con palabras. Aquel abrazo completó en mí todo lo que me faltaba entender de cada uno de ellos.

El hombre sombra cuando se acercó me di cuenta que no era una sombra, tenía cuerpo igual que cada uno de nosotros, solo que a él le tocó enseñarme así.

Cuando me abrazó me dijo al oído -lo que importa en este mundo es el contenido no lo que parecemos. Aquella bebida era más importante que mi apariencia y aunque no viste mi apariencia las bebidas de todas formas hicieron su efecto sobre ti. Luego se separó de mí y su cuerpo se volvió normal ante mis ojos. Era un hombre totalmente normal, parecía un hombre de mi mundo, pero no lo era.

Me acerqué a la criatura y le pedí perdón por no haberla escuchado. Me dijo que no me preocupara que aquel llanto no lo hizo por ella sino por el mundo en donde yo vivía. Que mientras lloraba no pensaba en ella porque su trabajo era eso que había hecho, hablar con los guerreros del futuro.

Por último, el ángel que me servía, también se despidió

de mí, pero no dijo mucho solo dijo -recuerda descansar cuando lo necesites.

Estando parada frente a ellos el ángel invisible se volvió visible delante de mí y para mi sorpresa era el guardián que me había ayudado a salir de mi mundo. Me dijo -debes regresar, ya nos veremos otra vez en tus sueños. Me tocó en las sienes y en un instante estaba en otro lugar.

De regreso a la batalla.

Abrí mis ojos y comencé a escuchar los gritos de aquel grupo que me había herido en la batalla. Comencé a ver la batalla de nuevo. Por unos instantes recordaba todo lo que había vivido. No tengo ideas de cuánto tiempo había transcurrido desde que me había desmayado pensando que era mi último suspiro ya que pensé que moriría.

Había regresado a la línea de combate. Estaba tirada en el suelo; aunque de inmediato me incorporé y saqué la flecha de mi costado, que no era tan grande como cuando la vi al inicio de mi enfrentamiento, sino que ahora me parecía muy pequeña, podría decir que aquella saeta era una miniatura comparada con mi cuerpo. Tampoco yo estaba herida de muerte solo tenía un pequeño rasguño que apenas me hacía dolor.

Oí una voz que me decía a lo lejos -es tiempo de que seamos una; era mi otra yo. Entonces dije -sí, con la mirada fija en mi meta y asintiendo con mi cabeza.

Me alegré tanto de poderme incorporar que comencé a correr hacia mi antigua meta y cuando llegué a la línea de combate me di cuenta que no era una línea para pelear, era una línea para reconciliarse con uno mismo y con su futuro.

Decidí tocar a mi otra yo y cuando lo hice comencé a ver el cielo abierto y oí una voz que salía desde el cielo que me dijo - tu ya existes en la eternidad mírate. Era la voz del ángel invisible o tal vez tendría que decir del guardián de los guerreros del futuro ya que los dos eran el mismo. Cuando miré a los cielos que estaban abiertos la miré a ella. Era yo misma en la eternidad, danzando y cantando llena de alegría.

Yo ya no era mortal era alguien que tenía un objetivo y misión en la vida. Y en mi interior sabía que tenía que regresar a mi mundo para ayudar a otros.

Me sentía segura. Sabía que podía volar. Sabía que tenía el bastón y que mi cofre estaba restaurado. Sabía que todas nosotras (la mujer de la torre, quien era mi espíritu y la niña del bosque quien era mi alma) dentro de mí éramos una y estábamos en armonía una con la otra.

Yo ya no estaba dividida. Estaba completa.

Yo observé al suelo y quien se había desvanecido delante de mí era mi otra yo. Fue entonces cuando descubrí que la verdadera, era yo y no la otra que estaba detrás de la línea.

Mis ropas estaban mojadas por aquel líquido pegajoso del futuro. La pelea continuaba para otros soldados, pero la mía en ese lugar ya había terminado.

Estaba tan contenta y deseosa de volver cuando en ese momento escuché una voz interior. Era yo misma que decía -vuelve a tu mundo de mortales, pero recuerda que tu ya no eres uno de ellos. Tu eres eterna. no lo olvides.